校 企 产 学 研 战 略 合 作

大学生创新创业就业系列丛书

大学生创业成功率 与能力素质建设

纪德尚 等著

U0331375

机械工业出版社
CHINA MACHINE PRESS

本书坚持以问题为导向，通过对近年来社会各界高度关注的大学生创业成败问题进行深入研究，依据大学生创业成功率与能力素质之间的正相关关系，揭示加强大学生能力素质建设对提高创业成功率所具有的能动作用，为新时代大学生成为素质高、本领大、能力强的创业者，从整体上提高创业成功率提供了新的思路。

本书共分为 15 章。第一章具有总论性质，主要通过对大学生创业现状及问题成因的分析，阐明大学生创业应具备的能力素质，给出由 14 个方面构成的能力谱系，并把能力素质的提升作为大学生创业之本、竞争之本和成功之本，阐明培育大学生的创业精神、增强能力素质对提高创业成功率的价值和意义。第二章到第十五章，分别对大学生性格与习惯、创业的知识与学习、智商与情商等 14 个方面的能力素质建设进行详解，并配以创业成功案例进行分析，以提高大学生创业成功率。

本书可作为高校创新创业教学的教材，也可作为相关专业师生和科研工作者的参考用书。

图书在版编目（CIP）数据

大学生创业成功率与能力素质建设/纪德尚等著. —北京：机械工业出版社，2022.1（2024.2 重印）
（校企产学研战略合作大学生创新创业就业系列丛书）
ISBN 978-7-111-70628-1

Ⅰ.①大… Ⅱ.①纪… Ⅲ.①大学生–创业–研究 Ⅳ.①G647.38

中国版本图书馆 CIP 数据核字（2022）第 069272 号

机械工业出版社（北京市百万庄大街 22 号 邮政编码 100037）
策划编辑：王 博 责任编辑：王 博
责任校对：薄萌钰 王明欣 封面设计：马精明
责任印制：张 博
北京建宏印刷有限公司印刷
2024 年 2 月第 1 版第 2 次印刷
184mm×260mm·9.25 印张·228 千字
标准书号：ISBN 978-7-111-70628-1
定价：39.80 元

电话服务　　　　　　　　　　网络服务
客服电话：010-88361066　　机 工 官 网：www.cmpbook.com
　　　　　010-88379833　　机 工 官 博：weibo.com/cmp1952
　　　　　010-68326294　　金 书 网：www.golden-book.com
封底无防伪标均为盗版　　机工教育服务网：www.cmpedu.com

校企产学研战略合作
大学生创新创业就业系列丛书

编委会

序 Preface

早在三年前，纪德尚教授就倡导编撰有关"大学生创业就业能力素质建设"的图书，我认为这是一个很好的倡议和主张。现在，《大学生创业成功率与能力素质建设》即将出版，纪德尚教授邀我为该书作序，我欣然同意，有两个原因：一是源于我多年对纪德尚教授及其团队的学术态度、科研能力、对事业执着追求精神的了解和认同；二是我本人主要从事教育管理研究，认为该书的倡议和主张反映了大众创业、万众创新的时代主题和发展要求，应给予充分肯定。

不同时代都有相应的时代主题和特征。新时代是大学生创业最好的时代，也是需要为之付出奋斗的时代。正如习近平总书记指出的"幸福都是奋斗出来的"，创业何尝不是如此呢？当然，创业有成功也必然有失败，而且失败的概率还要高于成功。但对矢志创业者而言，初创的失败并不意味着永远不会成功，因为成功属于永不言败的人，这也是创业时代需要创业者和产生创业者的重要特征。

鼓励高校大学生创新创业、以创业带动就业，是党和国家的一项重要战略举措。在国家倡导和政策激励下，社会支持创业的氛围日趋浓厚，大学生的创业环境持续优化，也有越来越多的大学生踊跃加入到创业行列。但大学生缺乏创业经验和创业能力，导致创业成功率还不是很高。针对这一突出问题，《大学生创业成功率与能力素质建设》一书的出版，应该说是恰逢其时。

该书是纪德尚教授主持的校级重大教改项目的总结性成果，同时也是他主持和负责的河南省普通高等学校综合改革试点项目、第九批河南省企业管理重点学科建设的阶段性成果。令人高兴的是历经两年多的努力，该书即将出版。通观全书具有以下突出特点。

为创育人，立足本位。该书以习近平总书记提出的"培养什么人，是教育的首要问题"为导向，奉行树人以立德为本、创业以报国为荣的人才观。全书贯穿着创业要在品德修养上下功夫、在学识见识上下功夫、在奋斗精神上下功夫、在能力素质上下功夫等新的理念，目的在于回归创新创业教育本位，造就爱国、立志、求真、力行以及内含奋斗精神的高素质创新创业人才。

聚焦问题，突出主题。该书以大学生创新创业教育缺失和能力不足为问题导向，倡导创业以能力为重，以敢闯会创为先的创业观。全书聚焦大学生创业成功率与能力素质建设的正相关性分析，以如何放飞创业梦想的能力素质建设为中心，把育才造士定位在教师育人能力和大学生创业能力"两个提升"上，通过能力素质的提升更好地适应创业新时代对创业人才能力的需求和要求。

内容丰富，要旨到位。该书以拓展大学生创新创业视野和能力素质提升为目标导向，坚持创业以创新为引领，以能力为支撑的成长观。全书从提高大学生创业成功率的目标出发，把能力素质建设作为一个系统建构的过程，内容涵盖了14个方面的创业能力素质，既有先进创业理念的全新释义，又有大学生成功创业的案例分析，还有创业能力素质提升的具体举措，因而有助于大学生悟而生慧、能力提升。

该书为梦发声，主张提高大学生创业成功率，必须德才兼备、以能力素质建设为前提。大学生创业能力素质的提升，需要创新创业教育的引导、创业主体学业学识的精进和创业实践经验的积累。全书以"教以引导而非说教，学以致用而非形式"的写作风格，以及要言不烦和富有哲理的语言表达形式，增添了实用性和可读性。该书作为新时代大学生创新创业能力素质建设的一部力作，可作为高校、培训机构创新创业教育的教材和参考书，也是大学生创业能力素质提升的必备书目。

习近平总书记指出："只有创造过辉煌的民族，才懂得复兴的意义。"进入新时代，当代大学生作为肩负中华民族伟大复兴使命的追梦人，在创业路上，应该坚信创业之道、只争朝夕，历练创业本领、不负韶华。最后，我衷心希望有更多的大学生参与到创业实践中来，为新时代的大众创业、万众创新做出更大的贡献。

王新奇博士

前　言 Foreword

　　进入创业新时代，培养和造就敢闯会创的高素质创新创业人才，是高校推进人才培养模式创新的应有之意。本书以大学生创业成功率与能力素质建设为研究对象，从坚持立德树人、培养德才兼备的创新创业人才出发，通过贴近创新创业实践的历练担当和能力素质的提升，强化大学生创业的能力意识，增强大学生敢闯会创的本领，提高大学生创业成功率。

　　本书以大学生创业能力素质需求和问题为导向，以创业能力和生动案例为支撑，以创业能力素质提升为依归，对如何提高大学生创业能力素质，从 14 个能力素质视角做出令人信服的诠释和回答。从总体上看，本书具有以下三个特点。

　　第一，需求导向、改革创新。习近平总书记在 2018 年 9 月 10 日全国教育大会上指出："要在增强综合素质上下功夫，教育引导学生培养综合能力，培养创新思维。"习近平总书记这一重要指示，从本源上揭示了培养大学生综合能力、创新思维能力，对创业就业的重要性，反映了当代大学生创业就业对能力素质的现实需求。本书从提高大学生创业成功率以及对能力素质的需求出发，积极识变、应变、求变，提出了由 14 个方面构成的综合能力素质谱系，并从创业成功率与能力素质提升的关联性出发做出精彩的解读。

　　第二，问题导向、拓宽视野。高校大学生是大众创业、万众创新的有生力量。但从发展的现实看，大学生创业的失败率远高于创业成功率。从根本上说，这是大学生创新创业实践经验缺失和能力素质不足造成的。习近平总书记在 2016 年 5 月 17 日哲学社会科学工作座谈会上指出："坚持问题导向是马克思主义的鲜明特点。"从大学生创业对能力素质的需求出发，坚持以问题为导向，就要牢牢抓住大学生创业能力素质不足的关键问题，通过加强大学生的创新创业实践，在学用结合、重在致用的能力素质建设中，提高大学生创新创业能力。

　　第三，创新导向、聚焦能力。进入创业新时代，回应大众创业、万众创新的时代呼唤，就要认真研究大学生创业成功率与能力素质建设的内在联系。用联系和发展的马克思主义观点来认识大学生创业能力素质建设问题，要把重心落在大学生创新创业能力素质的提升上，在充分发挥政府政策的激励功能、高校创新创业教育的育人功能、社会和家庭的支持功能的同时，充分发挥大学生自主创业的主体功能，通过创新创业能力素质建设，增强创业本领，提高创新创业能力。

　　本书坚持把立德树人作为大学生创新创业之本，把增强创业本领作为立业之道，把提高创业成功率作为价值依归，倡导当代大学生主动应对新时代创业带来的挑战，通过对综合能力素质的自我修炼和整体性提升，焕发敢闯会创的青春力量。本书可作为应用型高校创新创业教材，也可以作为高校教师"双创"教学参考书，还可以作为大学生创业自修用书，以及新创企业员工培训教材。

　　本书是纪德尚教授主持的校级重大教改项目的总结性成果，同时也是他主持和负责的河南省普通高等学校综合改革试点项目、第九批河南省企业管理重点学科建设的阶段性成果。

本书由纪德尚教授策划，并负责统稿定稿。第一、二、九、十一章撰稿人为纪德尚（郑州升达经贸管理学院教授）；第三章撰稿人为诸逸恬（西湖大学）；第四章撰稿人为杨征（郑州升达经贸管理学院讲师）；第五、六、七章撰稿人为郭艳胜（郑州升达经贸管理学院讲师）；第八章撰稿人为张茜（郑州升达经贸管理学院副教授）；第十章撰稿人为付璐（郑州升达经贸管理学院讲师）；第十二章撰稿人为纪德尚、郭艳胜；第十三章撰稿人为梁淑芬（郑州升达经贸管理学院副教授）；第十四章撰稿人为董芳芳（郑州升达经贸管理学院副教授）；第十五章撰稿人为冬临（深圳市前海右祍服饰有限公司总经理、设计总监）。梁淑芬负责制图和文字录入工作。

本书得以顺利出版，衷心感谢机械工业出版社领导和编辑给予的大力支持和帮助，同时感谢郑州升达经贸管理学院执行董事王新奇博士为本书作序，以及学院领导和科研处给予的大力支持。在撰写过程中我们参考并引用的国内外学者的相关研究成果，已列入书后参考文献中，在此对文献作者表示感谢。由于编者水平有限，书中错漏及不足之处在所难免，敬请读者批评指正。

编者

目 录 Contents

序

前言

第一章 大学生创业能力素质建设 /1

　　第一节 大学生创业能力素质问题 /1

　　第二节 大学生创业能力谱系 /4

　　第三节 大学生创业能力系统建构 /6

第二章 大学生创业的性格与习惯 /10

　　第一节 大学生创业中的性格与

　　　　　习惯 /10

　　第二节 大学生创业中性格与习惯的

　　　　　影响 /13

　　第三节 大学生创业性格与习惯的

　　　　　养成 /17

第三章 大学生创业的知识与学习 /20

　　第一节 大学生创业知识与学习

　　　　　能力 /20

　　第二节 大学生创业知识与应用

　　　　　能力 /23

　　第三节 大学生创业学习能力的

　　　　　提升 /26

第四章 大学生创业的智商与情商 /29

　　第一节 大学生创业能力与情商

　　　　　智商 /29

　　第二节 大学生创业智商情商的

　　　　　作用 /31

　　第三节 大学生创业智商情商的

　　　　　培育 /32

第五章 大学生创业的观察与思考 /36

　　第一节 大学生创业观察与思考

　　　　　能力 /36

　　第二节 大学生创业观察与思考

　　　　　习惯 /39

　　第三节 大学生观察思考能力的

　　　　　提升 /42

第六章 大学生创业的想象与现实 /46

　　第一节 大学生创业现实与想象力 /46

　　第二节 大学生创业想象与想象

　　　　　思维 /50

　　第三节 大学生创业想象力的提升 /53

第七章　大学生创业的灵感与创新　/56

　　第一节　大学生创业过程与灵感

　　　　　创新　/56

　　第二节　大学生创业灵感与创新

　　　　　功能　/59

　　第三节　大学生创业灵感与创新的

　　　　　培育　/62

第八章　大学生创业的社交与礼仪　/66

　　第一节　大学生创业的社会交往与社交

　　　　　礼仪　/66

　　第二节　大学生创业社交礼仪的

　　　　　作用　/68

　　第三节　大学生社交礼仪形象的

　　　　　塑造　/71

第九章　大学生创业的沟通与协调　/74

　　第一节　大学生创业过程与沟通

　　　　　协调　/74

　　第二节　大学生创业沟通协调的

　　　　　作用　/76

　　第三节　大学生创业沟通能力的

　　　　　提升　/80

第十章　大学生创业的场域与资本　/84

　　第一节　大学生创业场域与创业

　　　　　资本　/84

　　第二节　大学生创业场域资本的

　　　　　作用　/86

　　第三节　大学生创业场域资本的

　　　　　整合　/88

第十一章　大学生创业团队与管理　/92

　　第一节　大学生创业团队与团队

　　　　　管理　/92

　　第二节　大学生创业团队管理的

　　　　　功能　/95

　　第三节　大学生创业团队管理能力的

　　　　　提升　/98

第十二章　大学生创业的项目与管理　/101

　　第一节　大学生创业项目与项目

　　　　　管理　/101

　　第二节　大学生创业项目管理的

　　　　　作用　/103

　　第三节　大学生项目管理能力的

　　　　　提升　/106

第十三章　大学生创业的经营与战略　/110

　　第一节　大学生创业活动与经营

　　　　　战略　/110

　　第二节　大学生创业目标与战略

　　　　　选择　/113

　　第三节　大学生战略管理能力的

　　　　　提升　/116

第十四章　大学生创业的管理与绩效　/119

　　第一节　大学生创业管理与管理
　　　　　　绩效　/119

　　第二节　大学生创业管理与绩效
　　　　　　价值　/122

　　第三节　大学生绩效管理能力的
　　　　　　提升　/124

第十五章　大学生创业的文化与成长　/127

　　第一节　大学生创业文化与企业
　　　　　　成长　/127

　　第二节　大学生创业过程与文化
　　　　　　滋补　/130

　　第三节　大学生创业过程的文化
　　　　　　塑造　/133

参考文献　/137

第一章

大学生创业能力素质建设

思维导图

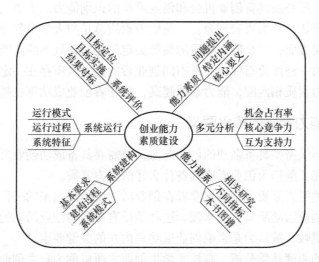

大学生创业能力素质建设是高校创新创业教育的核心内容，也是提高大学生创业成功率的必由之路。加强大学生创业能力素质建设，旨在以大学生创业能力素质问题为导向，通过对大学生创业能力谱系的考察，依托大学生创业能力系统的建构与运行，从整体上提高大学生创业能力的水平，为提高大学生创业成功率提供能力支撑。

第一节 大学生创业能力素质问题

高校大学生创业的能力素质与创业成功率呈正相关关系，提高大学生创业成功率，必须坚持以能力素质建设作为核心内容，只有通过提升大学生的创新创业能力，才能培养出敢闯会创的高素质创业人才。

一、大学生创业能力素质问题的提出

大学生创业始终存在着创业者、能力素质、创业成功率三者之间的匹配关系，即大学生创业成功率的高低取决于创业者能力的大小和素质的高低。大学生创业能力素质问题的提

出，有助于创业者从加强自身能力素质建设出发，提高大学生创业成功率的整体水平。

1. 大学生创业与能力素质的关系问题

大学生创业是一种以主动创业带动就业的新模式，也是近年来国家大力倡导、鼓励和支持的就业形式，并出台了多项支持政策。但从发展现实看，尽管创业政策持续向好、创业环境不断改善、社会支持日趋增强，但限于主客观原因，大学生创业的成功率却没有实质性的提高。如果从创业者角度分析，其主因是创业者能力素质的不足和缺失。因为能力素质是大学生创业的立足之本，也是大学生创业走向成功的竞争之本，在二者之间存在着一种互为关联的匹配关系，所以，大学生创业之要，是提升创业者的能力素质水平。

2. 大学生创业与能力素质的关系解读

大学生创业与能力素质的关系，是影响创业成功率最基本、最重要的关系。为此，国内不少学者从不同角度对它做出解读。有观点认为，大学生创业不仅需要外部环境的支持和配合，更需要大学生创业者具有较强的创业能力；也有观点认为，大学生创业除了需要支持体系的相关能力之外，还必须具备创业机会和创业风险的识别能力。上述观点表明，大学生创业与能力素质关系密切，其主要表现为：一是能力素质总是与大学生创业活动相联系，并体现在创业活动的不同方面；二是能力素质的高低决定创业活动效率的高低，是对创业者能否胜任创业各项任务的一种评价指标；三是不同创业者的能力素质存在一定的差异，大学生的创业成功率与其能力素质相匹配，能力素质越高，意味着创业成功率也越高。

二、大学生创业能力素质的核心要义

大学生创业者不仅需要具备强烈的创业意愿，更需要具备成功创业所需的能力素质。因此，大学生应该首先了解作为创业者应具备什么样的能力素质。

大学生创业者的能力素质，是指创业者在创业活动中体现出来的一种心理品质，也可以表现为创业者从事创业活动所具有的本领。这种品质直接影响创业活动的效率，它在很大程度上决定了创业的成败，被认为是影响创业成功率内在的关键要素。

从创业者内在的心理品质分析，高校大学生创业之所以称为自主创业，不仅充分肯定了大学生创业的自主性，而且含有对能力素质的特定要求。其中，大学生创业的自主性体现在创业者在应对各种挑战时，在经营管理、战略选择和风险决策等方面的自决性、主动性和创造性。"自决"强调的是创业者的自我决策能力，内涵是有独立自主的人格特质；"主动"反映的是创业者自我行动的能力，内涵是有积极主动做事和不断进取的意志品质；"创造"体现的是大学生求新达变的能力，内涵是有不断创新和持续创业的精神力量。

已有经验表明，大学生创业者的能力素质越强，则意味着创业者驾驭创业风险的本领越大，实现创业成功的可能性就越高；反之，实现创业成功的可能性就越低。因为，在创业的市场竞争背后，是创业者能力素质的比拼和本领的较量。

大学生创业能力素质的核心要义，是指大学生创业者应具备的个性倾向和品质，是对创业者是否适合创业及其创业成功可能性大小的一种评价指标，也是大学生创业应该具备的一种创业本领。王小平在她的《本领恐慌》一书中，把本领恐慌看作一切危机的根源，指出只要这个危机解决了，其他一切危机都不复存在。在大学生创业群体中也普遍存在着本领恐慌，这种恐慌实质上就是创业能力素质不足最现实的表现。所以，消除大学生创业本领恐慌的唯一途径，就是通过学习提高创业者的能力素质。

三、大学生创业能力素质的分析

在高校人才培养中，国家制定的专业标准对大学生的能力和素质都提出了明确的要求。大学生创业的实践亦证明，高素质、强能力对大学生创业成功具有重要的作用，高素质有助于提高大学生创业的机会占有率，强能力有助于提高大学生创业的核心竞争力。

1. 高素质与大学生创业的机会占有率

根据对大学生创业本领和能力素质的综合考量，提高大学生创业成功率必须把重心转移到提高大学生创新创业素质和能力上来。素质是由理想信念、思想水平、政治觉悟、道德品质、文化修养等构成的复合概念。在大学生创业中，成功的创业者大多具备良好的思想境界和素质修养，可以为创业提供精神动力，创造更多的创业机会。从创业的现实看，大学生创业是一个主观见诸客观的活动，既要具有创业资本，又要具有创业能力，还要具有创业机会。通常，创业机会是为在综合素质和能力上有准备的人准备的。因为创业并不是主观意愿的单向行动，而是看创业者在综合素质上是否具有理想信念、报国情怀、自强精神、诚信做人、务实做事、胸怀坦荡等优秀品质。实践证明，成功的创业者不仅具有坚定的理想信念，而且具有很高的品德修养。所以，在素质建设上，培养创业者具有创业报国的情怀、创新创业的精神、顽强拼搏的意志、敢闯会创的胆略、以诚为本的品质修养，有助于创业者建立良好的内外关系，争取更多的创业资源和社会系统的支持，从而提高大学生创业的机会占有率。

2. 强能力与大学生创业的核心竞争力

大学生创业意味着进入了一个充满竞争的市场环境。所谓"工欲善其事，必先利其器"，就是说，要想实现创业成功必具有非凡的创业本领和创业能力。大学生创业是以创新引领创业的过程，求新达变就要在主动求变、积极应变中培养核心意识、核心专长和核心竞争力。由于初创阶段多种因素的制约，大学生创业者在参与市场竞争中只有精于专一产品开发，才能形成核心意识、核心专长，只有不断提高综合创新能力，才有助于提升创业的核心竞争力。相关研究表明：商机是创业过程的起点和核心驱动力，团队是创业过程的主导者，资源是创业成功的保证。提高大学生创业成功率，离不开善于发现和抓住机会的能力、风险识别和控制的能力、创业团队组建和高效管理的能力、获取创业资源和资源利用的能力。加强以创新创业能力为导向的能力素质建设，是创业者形成以核心意识、核心专长为基础的核心竞争力的有效途径。

3. 大学生创业素质与能力的双向支撑力

大学生创业是改变人生现状的一条有效途径，同时又是一条充满挑战的曲折之路。其中，创业者自身的素质与能力是实现创业成功互为支撑的两个方面，也是鼓励创新创业和提高创业成功率必备的硬核条件。高素质有助于强化创业者的理想信念，培养创新创业精神，为创业者养成完善的独立人格和良好的习惯提供精神食粮。强能力有助于增进大学生创业者的本领，克服创业过程中的本领恐慌，以能力素质为支撑提高创业成功率。所以，立志创业的大学生，在自身素质提升上，应以立德树人为基本出发点，使自己具备创业报国的先进理念、诚信处事的创业品质和依法创业的法治精神；在能力素质提升上，应加强自身的能力素质建设，把自己打造成本领大、能力强、敢闯会创的高素质创业人才。

第二节　大学生创业能力谱系

在大学生创业过程中，一般创业者都会选择自身较为熟悉的行业，即便如此，仍需借助自身的能力应对各种不确定的创业挑战。大学生的创业能力是由诸多能力构成的能力谱系，且在创业的不同环节、不同阶段发挥着重要的作用。

一、创业能力的相关研究

在已有研究中，吕玲把对大学生创业过程的影响因素概括为"由创业机会、创业资源和创业团队构成的模型"。王彦敏、赵春依据蒂蒙斯模型，结合云南省大学生创业实践，将创业模型中创业团队、商机和资源三大因素分解为 37 个二级因素进行实证调查和分析。但从根本来讲，自主创业是大学生职业选择的一种主体行为，在这里，人的因素是决定性的。据此，可以把大学生创业失败的主要原因归于主观的内在因素及其影响。所以，要想创业成功，需要做到以下几点：一是要不断深化对创业能力重要性的认识，强化能力提升的意愿；二是用先进的理念引领创业能力的提升，把创业能力的提升作为自我价值实现应具有的本领；三是在实践中不断拓展能力提升的领域，丰富能力的科学内涵和驾驭能力。

在王万山的研究中，将大学生创业成功应具备的能力，按认同度分为 10 种，见表 1-1。

表 1-1　高校教师和企业界对大学生创业成功基本能力培养的认同度

序　　号	创业成功应培养的基本能力	认　同　度
1	识别和利用商机的能力	83.4%
2	风险识别与控制能力	80.2%
3	突出的组织和领导能力	79.6%
4	基本的财务分析能力	75.7%
5	持续创新能力	74.8%
6	经受挫折能力	74.7%
7	灵活且准确的决策能力	73.3%
8	公共关系能力	60.8%
9	资源及行业整合能力	59.4%
10	运用法律的能力	58.9%

已有的创业案例表明，无论大学生创业热情有多高、创业意愿有多强、创业教育学得有多好，如果不能转化为创业能力，就难以实现成功创业。创新创业教育不是创业速成班，创业热情和意愿也不能代替创业的实践能力。如果大学生创业能力不足则更容易导致创业失败，要想提高大学生创业成功率，关键是提高大学生的创新创业能力。

二、创业能力与能力谱系

大学生创业能力是一个复合概念，它不是指某一种能力，而是一个能力系统或能力谱系，从不同视角出发，所涉及的能力有所不同。从大学生创业所需的综合能力视角出发，列举出 14 个方面的能力素质。

1）大学生创业的性格与习惯。性格是一个人对客观事物所持的态度及习惯性的行为方式。创业者应有的性格特质对其创业选择及发展具有不可忽视的影响，在已有的创业成功的案例中，我们都可以窥探到创业者独特的性格印记。选择机会创业的大学生，应具有为创业不惜牺牲一切、不达目的誓不罢休的创业精神，勇于承担风险、坚韧不拔的个性特征。良好的创业性格和习惯在于日常养成，更在于有意识的自我修行和培养。

2）大学生创业的知识与学习。大学生创业是以创业知识为基础，旨在增进个人的创业学识。所谓学识被认为是学习力和借鉴力的组合，它在更深层次上体现的是再学习能力。这种再学习能力可以丰富创业者的见识，是提高大学生创新创业能力的基本途径。提高大学生创业的学习力，贵在养成良好的学习和思考习惯，以及勇于探索和创新的品质。

3）大学生创业的智商与情商。智商是用以表达人智力高低的数量指标，是指人们认识理解事物以及运用知识经验解决问题的能力。情商特指人在情绪、情感、意志、受挫等方面自我管理以及人际关系管理的能力。大学生创业需要高智商来把握市场的动向，更需要高情商来应对各种风险和复杂的内外关系。研究表明，能否成功创业大概率是由人的情商决定的。谋求创业成功的大学生，要充分开发自己的智商，更要注重提高自身的情商。

4）大学生创业的观察与思考。观察是人们感知现实的方法，也是人们认识客观世界的一种方式。观察与思考是大学生感知创业过程，获取感性认识，上升为理性思考的一种基本能力。科学观察的核心要义在于追求真实、客观、全面，它在大学生创业过程中是主动获取感性认识的源泉，又是创业过程中理性思考的认识论基础。提高大学生创业的观察与思考能力，需要强化善于观察的意识，养成主动观察与思考的习惯，掌握观察与思考的方式方法和操作技术。

5）大学生创业的想象与现实。想象是大脑的一种机能，也是大脑思考的一种能力。大学生的创业梦是一个充满想象力的现实思考，想象力是大学生不可或缺的创造性思维能力，正如爱因斯坦指出的：想象力远比知识重要，因为知识是有限的，而想象力可以拥抱世界。但想象力不等于理想化，过度理想化而脱离现实往往会导致创业失败，只有贴近创业现实又具有丰富想象力的思考，才是走向创业成功的实在要素。

6）大学生创业的灵感与创新。灵感是人脑思维质变的特殊形式，是潜意识与显意识相互作用的结晶，且具有突发性、瞬息性和独创性的特点，因而被认为是一种有别于其他思维方式的创造性思维。钱学森曾指出：光靠形象思维和抽象思维是不能创造、不能突破的，要创造、要突破得有灵感。大学生创业的各种创意和点子大都与灵感创新有关。所以，创业要想有突破和成功，必须注重灵感思维的培养和创新能力的提升。

7）大学生创业的社交与礼仪。社会交往是建立良好人际关系的基本途径，礼仪是社会交往的基本素养和纽带。良好的礼仪素养、得体的衣着打扮、彬彬有礼的交往方式、高雅的礼仪情操，是提高大学生个人魅力和个人影响力的有效手段。大学生创业的社交与礼仪是获得与人沟通的敲门砖和问路石。创业者需要具备内外兼修的人际知悉力、人际沟通力、人格影响力，从而养成良好的礼仪习惯，助力大学生创业成功。

8）大学生创业的沟通与协调。社会交往是建立良好人际关系的基本方式，沟通是人际交往的重要手段，优雅的形象、幽默的谈吐、倾听的艺术、共鸣的交流等都是社会交往和有效沟通的生动写照。沟通又被沃尔玛创始人萨姆·沃尔顿称为浓缩的管理。大学生创业需要借助交往与沟通建立良好的内外关系，赢得多方支持，提高创业成功率。交往沟通能力的提升，需要保持开放的心态、主动交往的意识，掌握沟通的方法和技巧。

9）大学生创业的场域与资本。场域是大学生放飞创业梦想的场所，也是充满竞争和争夺资本的领域。大学生创业需要适应特定行业场域的市场环境，具备获取人力资本、整合财务资本、利用社会资本的能力。资本是大学生创业最为实在的要素，它既是创业之本又是竞争之本，资本的多寡与优劣都会直接影响到创业的成败。提高大学生创业成功率，必须增强自身整合利用创业资本的能力。

10）大学生创业团队与管理。团队是指由两个以上成员构成，彼此承诺、相互协调，以实现共同目标的集合。团队的协同作用源于团队内在精神的凝聚。大学生创业团队的组建和管理是门科学也是门艺术，如果团队管理能力不足，精神缺失，即便拥有好的创业项目和创意也难立于不败之地。所以，大学生创业必须高度重视团队建设，提高团队管理水平，精心培育团队精神。

11）大学生创业的项目与管理。创业项目是大学生创业的有效载体，因此可以把大学生创业看作一个项目选择、培育的市场化运作过程。大学生创业包括项目选择、产品孵化、市场定位、商业计划等内容。创业项目市场化过程的优劣事关创业成败，即便是一个好的项目，如果缺乏精心培育，也难以转化为市场化的产品或服务。所以，谋求创业成功要对创业项目精心选择和培育，不断提高创业项目的管理能力。

12）大学生创业的经营与战略。大学生创业不只存在初创，可能会有二次或三次创业。创业是一个面向市场自我经营的活动，它需要有先进的经营理念，还需要有把握企业未来发展方向的战略思考。经营之道和战略选择，事关大学生创业成败。要提高大学生创业成功率，必须具有先进的经营理念，潜心提高自身战略规划与管理的能力。

13）大学生创业的管理与绩效。大学生创业离不开经营和管理，而真正的管理一定是以绩效为目标的。经验表明，大学生创业失败的原因各有不同，但成功的创业都有一条共同规律——管理有素。卓越的管理需要建立一套组织架构、制度安排和绩效管理模式，通过绩效管理的激励机制，提高经营管理的水平。显然，大学生成功创业既需要具备卓越的领导和经营企业的本领，还需要具备卓有成效的管理企业的能力。

14）大学生创业的文化与成长。大学生创业及其企业成长与企业文化同行。先进的企业文化是大学生创业和企业成长的灵魂，也是推动企业健康发展的不竭动力。企业文化在大学生创业和企业成长中承载着企业的愿景使命和核心价值观。先进的企业文化是一种软实力，对大学生创业成功及企业健康成长具有重要的推动作用。所以，用文化力量助力创业和企业成长，必须高度重视先进的创业文化建设。

第三节　大学生创业能力系统建构

大学生创业的成败与其能力素质的高低是相关的。从系统的观点看，大学生创业能力是由不同方面的能力构成的，且在互动过程中形成系统架构。因此，加强大学生创业能力建设，有助于大学生创业能力整体水平的提高。

一、大学生创业能力系统的建构

系统论创始人贝塔朗菲认为，系统理论是任意系统研究的一般理论和方法。大学生创业能力系统是一个能力谱系，是由诸多能力相互关联构成的具有特定功能的有机整体。

1. 大学生创业能力的重要性

从人才成长规律分析，人的成长既有先天因素又有后天因素，后天因素的人才成长是由知识的获取、能力的习得形成的。从人才成长的教育规律分析，现代教育的人才培养模式正在由单纯的传授知识向能力提升转变。例如，2018 年颁布的《普通高等学校本科专业类教学质量国家标准》中，对工商管理专业的人才培养提出了明确要求：一是大学生应具有多渠道获取知识的能力，在吸收消化中形成自己的知识体系；二是应具有知识应用能力，在驾驭知识中能够解决理论和实践问题；三是具有创新创业能力，除具有一定组织沟通能力之外还要具有探索性、批判性思维能力，不断尝试理论或实践创新。可见，能力建设作为高校人才培养的主旋律，已转化为应用型人才培养的基本要求，大学生创业能力的高低已成为人才评价的重要指标。

2. 大学生创业能力系统的架构

大学生创业能力是以系统的方式存在的。所谓系统，通常是指由若干要素组成的且具有特定功能的有机整体。从系统的观点看，大学生创业能力是由大学生的创业知识、创业能力、创业素质等要素构成的。其中，创业知识既是提高创业能力的学识基础，同时也是提高创业能力的基本途径；创业能力是指创业者应具备的创业本领，它作为一个能力谱系，由创业活动不同侧面的能力构成，并具有不同的功能；创业素质是指为人处世之道，它是成功创业者应有的品质。大学生的创业知识、创业能力和创业素质是相互依存、互为支撑的，在相互作用中形成具有特定功能的有机整体，如图 1-1 所示。

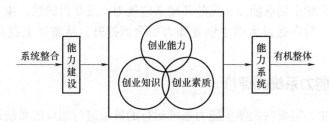

图 1-1　大学生创业能力系统的建构

二、大学生创业能力系统的运行与特征

1. 大学生创业能力系统的运行

大学生创业能力系统的建构，旨在依托能力系统的运行，提高创业者的能力和水平。大学生创业能力系统的功能是创业知识、创业能力和创业素质等要素相互作用及其运行的结果。创业能力系统的运行，是从能力提升的目标出发，通过创业主体在创业过程中创业知识、能力和素质的交互作用，提高大学生创业能力的整体水平。其运行过程如图 1-2 所示。

图 1-2 表明，创业能力系统的运行是创业者践行及能力提升的过程，且在现实性上是一个动态的反馈调节控制的过程。所谓反馈，就是把创业能力系统的输出信息反送到输入端，

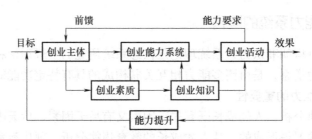

图 1-2   大学生创业能力系统的运行过程

并对创业能力系统再输出产生影响的过程。所谓调节，就是根据输出的效果信息与目标信息比较得到的差值信息，对创业能力系统进行调节、修正。所谓控制，是指借助机制自身所具有的控制和调节作用，将效果信息反馈到输入端，与目标信息比较产生差值信息，并据此对创业主体的能力提升进行调节控制，使之在循环往复中不断趋近于目标值。可见，大学生创业能力系统的运行，实质上是从创业主体能力提升的目标出发，借助过程定向的反馈调节控制作用，实现能力提升的过程。

2. 大学生创业能力系统的特征

大学生创业能力系统的特征为：一是整体性，指创业知识、创业能力、创业素质构成的系统整体大于三者之和，这种非加和性决定了能力系统是从整体出发，谋求的是能力系统的整体优化；二是关联性，指创业知识、创业能力、创业素质之间是相互联系、相互作用的，其中单一要素不具有整体性质，但任一要素的变化又会带来整体影响；三是结构性，指创业知识、创业能力、创业素质相互作用的排列组合方式，正是这种相互作用构成了能力系统的结构，其结构优化决定了系统整体的功能优化；四是动态性，指创业知识、创业能力、创业素质构成的系统是随外部环境的变化而变化的，系统在与外部环境进行物质、能量和信息的交换中，体现的是大学生创业能力系统的环境适应能力；五是目的性，指大学生创业能力系统具有特定的目标，旨在通过大学生创业能力的全面提升，从整体上提高大学生创业的成功率。

三、大学生创业能力系统的评价

在大学生创业中，需要对大学生能力系统运行的效果进行相应的系统评价，即对创业者能力提升的实效做出价值判断。

1. 对创业能力系统目标定位的系统评价

大学生创业能力系统的目标设计，在总体上应与创业所应具备的能力相适应。对大学生创业能力系统目标定位的系统评价包括：目标设计应是经过缜密思考的，且经个人努力是可以实现的，否则就是纯粹的理想；目标设计与创业的行动策略、个人能力相匹配，且在预期内可以实现目标价值和回报，否则就是纸上谈兵；创业能力的提升与创业能力的要求相适应，能为促进创业成功提供能力支撑，否则就会难以成行。显然，大学生创业能力的提升目标决定了方向，正确的目标定位远比努力更重要。

2. 对创业能力系统目标实施的系统评价

在系统运行过程中，创业能力目标实施的系统评价可以具体化为创业素质、创业知识、创业能力在系统运行中的实施效果。一是对创业素质提升的系统评价。创业素质总体上决定着创业者的价值走向，对其进行系统评价，就是考查创业者能否把个人目标与国家目标统一起来融入创业项目的理想信念之中，以及是否具备永不言败将创业进行到底的人格特质。二是对创业知识应用的系统评价。创业知识是大学生创业力量的重要来源，对其进行系统评价，主要考查的是创业者的学习力是否有实质性的提高，以及是否具备持续学习和借鉴创新能力的品质。三是对创业能力提升的系统评价。创业能力体现了创业本领的大小，对其进行系统评价，主要考查的是创业者所具备的创业能力是否与创业能力的要求相匹配，体现竞争优势的创业能力及整体水平是否有实质性的提高。创业实践表明，创业能力作为评价创业者创业本领高低的一种尺度，是创业者走向创业成功的重要支点。

3. 对创业能力系统结果对标的系统评价

从对大学生创业能力系统目标定位、目标实施的系统评价，到结果对标的系统评价，实质上是从整体到部分、从部分再到整体进行评价的过程。对结果对标的系统评价主要包括以下两个方面：一是对创业能力系统整体优化的系统评价。创业能力系统所遵循的是系统的非加和性，即整体大于各个部分之和。所以，整体性既是创业能力系统建构的出发点，又是最终归宿，它所追求的不是单纯某种局部能力的优化，而是系统多元能力的整体优化。据此，所进行的系统评价就是通过结果对标，判断创业素质、创业知识、创业能力三者之和是否大于三部分之和，以及通过加强能力素质建设是否能够实现系统的整体优化。二是对创业能力系统实践检视的系统评价。对大学生创业能力系统运行结果对标的系统评价，也包含实践检视的价值评价。通常，创业者在实施创业行动策略中的成效越高，意味着创业者的创业能力越强、本领越大。也就是说，大学生创业能力的高低是在目标实施的行动策略中体现出来的，对创业能力系统实践检视的系统评价主要是对行动策略与创业能力是否匹配，创业目标、行动策略与创业能力是否契合做出的评价。

第二章

大学生创业的性格与习惯

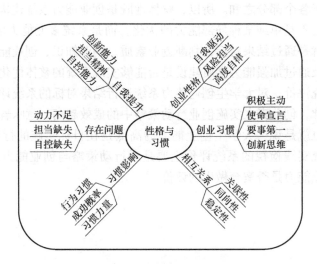

　　大学生创业的成败与人的性格特质和所持的态度密切相关，尤其需要有坚韧不拔的性格和为之奋斗的创业精神，因为"创业的先决条件，不是有多好的项目，多雄厚的资金，而是有勇气、有决心、有信心，拥有坚韧、执着、坦然等艰苦奋斗的精神"。这种创业精神是由创业者特有的性格习惯铸就的。积极的态度、坚强的意志、良好的情绪和理性的思维，是成功创业人士不可缺少的性格特征。

第一节　大学生创业中的性格与习惯

　　所谓性格是指一个人相对稳定的对客观现实事物所持的态度。不同性格的潜意识动机或偏好所体现的行为习惯，对大学生创业有着重要的影响。那么，创业者应该具有什么样的性格与习惯，是创业者必须认真思考的问题。

一、大学生创业者的性格特质

　　古希腊哲人有句名言："性格是人生的开端。"它似乎告诉我们，在事业发展上性格决定一切。大学生创业既是职业选择又是人生事业，其中性格被认为是开启创业人生最重要的潜在动力。大学生创业很有必要对创业者的性格特质有一个全面的了解和认识。

1. 性格特质的基本内涵

在心理学家看来，性格是与人的心理系统与发展成长密切相关的一个概念。具体而言，性格是人们的言行举止、为人处事的态度所体现出来的心理特征。性格决定了一个人的偏好和行为习惯，决定了一个人思考什么、想干什么、是否能够心想事成。从这个意义上讲，大学生创业应该具有创业者的性格特质。已有的创业实践和研究表明，人格特质确实对创业成功具有重要影响。

人的性格在现实中主要表现为做人、做事、做事业的心理特征及所持的态度。态度决定人的行为及价值取向，同时又与人的气质和能力相关。通常，人的性格处于心理活动的核心部位，在特定个体性格特质表现中，性格会对个人的气质和能力产生影响，使之在作用于客体中表现出一定的倾向性。可见，人的性格对创业者的行为和能力提升有着重要影响。

2. 人的性格及其类型

在现实生活中，人的性格是多种多样的，因而从不同的视角出发，可以区分为不同的类型。瑞士心理学家荣格从个体心理活动的视角出发，把人的性格分为两大类：一类是内向型，一类是外向型。内向型性格表现相对沉稳，做事比较谨慎，善于深思熟虑，但反应相对较慢，顾虑多，不善于人际交往；外向型性格表现外露，开朗活泼，独立性强，遇事果断，善于交往，但时常不拘小节、无所顾忌。也有人从性格机能角度出发，把人的性格分为理智型、情绪型、意志型三种类型。还有学者从人的独立性角度把人的性格分为独立型和顺应型两种类型。但无论如何区分，都是为了表明人的性格是多样的。不同的性格类型没有好坏之分，但性格的差异对职业选择，尤其是人格与职业匹配有重要影响。

3. 创业者的性格特征

人的性格类型从不同视角揭示了人的性格的复杂性，表明不同人的性格具有不同的特征。但从性格的心理结构上分析，在共性上可以把大学生创业者的性格特质概括为以下特征：

一是性格的态度特征。态度是指人对某事物的看法，或人对现实问题的看法和主观评价。相对于创业，态度是指创业者对创业本身价值意义的基本认识，以及所持肯定或否定的态度，包括创业者情感上的心理感受和行为倾向。从实践上看，但凡具有创业热情和胆识的大学生，大都具有明确的态度，并能够积极行动起来，投入到大众创业、万众创新之中。

二是性格的意志特征。人的性格表现出来的意志特征，是个体对自己行为的调节方式和调节水平的一种表征。大学生创业者的意志特征通常表现为具有明确的创业目的及独立性，在对自己的行为控制上具有自觉性、主动性和自律性。此外，成功的创业者大都具有坚韧不拔、持之以恒的创业精神，尤其在紧急情况下会表现出临阵不乱、处事果断的性格特征。

三是性格的情绪特征。所谓性格的情绪特征，通常是指人的情绪活动在强度、稳定性、持久性以及主导心境方面表现出来的个性特质。大学生创业者在性格的情绪管理上，通常具有比较强的自制力、独立的性格品质和比较清晰的自我认知能力，尤其是成功的创业者，能够坚守创业承诺，独自承担创业风险，具有高度内控的性格特质。

四是性格的理性特征。性格的理性特征主要是指，人在主观知觉方面表现出来的差异化的性格特征。例如，在知觉、记忆、想象等方面，不同的人表现出不同的个性特点。大学生创业者要面临复杂的创业环境，在性格的理性特征上，相对来说，大都在主动性、精细性、谨慎性等方面表现得更为突出。一般成功的创业者更具有独立思考的优势和性格特征。

二、大学生创业的行为习惯

从人、职匹配的角度分析，大学生创业应该具备什么样的性格特质和行为习惯，是值得大学生创业者关注的问题。从创业成功要素上分析，大学生创业应具备的良好习惯是多向的。

1. 积极主动的品格和习惯

大学生创业中，积极主动不仅是主动精神的一种体现，也是成功人士的一个重要品格。如果这种主动的心态成为一种习惯，就可以形成一种习惯的力量。在学习上积极主动向他人请教，有助于从中获取他人的知识和思想；在工作中积极主动与他人沟通，有助于建立良好的人际关系；在创新中积极主动攻坚克难，有助于增强自我的内在驱动力。这些都表明，积极主动是创业者应该具备的一种品格和习惯，具备这种品格和习惯可以为创业带来加倍的回报。在心理学上，积极主动是相对于消极被动而言的。当创业者对人对事有了积极主动的态度，在行为上就会化消极为积极、化被动为主动，这种良好习惯的养成有助于创业成功。

2. 要事第一的行事风格和习惯

在大学生创业过程中，如何做正确的事情，如何把正确的事情做好，涉及做事的优先顺序问题。通常，高效能的创业者都会遵循"要事第一"的原则和"重者优先"的行事风格。如果创业者在每件事情上都要亲力亲为，就不能摆脱日常繁杂事务的纷扰，从而导致工作难有成效。"要事第一"反映了一个人的行事风格，同时也是一个人行事的习惯，创业者只有养成这种工作和行事习惯，才能够有充足的精力和时间去处理事关创业发展的重大事项。"要事第一"看似简单，但在心态上可以反映一个人的做事态度，传递出一个人的做事风格和习惯。但凡成功的创业者，在"要事第一"的自我领导和管理上，往往都会做得恰如其分、简单有效。

3. 创新发展的思维方式和习惯

在大学生创业中，所谓创新发展，就是以创新引领创业发展的问题。因为创业离不开创新，创业只有通过创新驱动才能得以持续发展。创新在思维方式上不仅要超越自我的思维定式，而且在创新驱动上还要超越他人，这样才能走到时代的前列。创新对创业者来说，既是一种思维能力，又是一种思维习惯。具备创新思维能力的人，是最受创业发展机遇青睐的人，它有利于在创业活动中抢占先机、驱动创业成功。所以，创业者要提高创新思维能力，必须养成创新思维习惯。良好的创新思维习惯，有助于提高创业者的创新思维能力，也有助于促进创业成功。正如巴尔扎克指出的：一个有思想的人，才真是一个力量无边的人。

三、创业者性格与习惯的关系

在创业史上，成功创业者往往具有独特的性格和习惯。创业者的性格与习惯在关联性上关系密切，在互动方向上具有特定的同向性，在心理活动上具有相对的稳定性。

1. 创业者性格与习惯的互动关系

歌德说："人的一生最重要的就是要树立远大的目标，并且以足够的才能和坚强的忍耐力来实现它。"一般而言，能够走向成功的创业者，都有远大的创业目标，以及坚强的性格和意志品质，而与此相匹配的能力也可以不期而至。创业者的坚定性格与其良好的行为习惯在创业过程中，既相互联系、相互影响，又相互促进、相得益彰。有关研究表明，良好的行为习惯有助于创业者形成应有的性格特质，创业者良好的性格特质是通过行为习惯体现出来的。如果创业者具有积极向上的创业态度，又具有良好的行为习惯和完善的人格，在创业路上就会取得事半功倍的创业成效。

2. 创业者性格与习惯的同向关系

人们常说，创业是一场超长距离的马拉松，甚至可以说是人生中的一条不能回头的路，只有勇往直前而不能退缩。在这一征途上，充满了各种不确定性因素和创业风险。其中，有些创业者知难而退，也有一些创业者半途而废，只有那些具有良好创业性格和习惯的创业者，才能到达成功的顶点。由此不难看出，创业者的独特性格特质和良好的行为习惯是相辅相成的，二者在创业路上具有同向性，如图 2-1 所示。

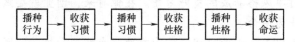

图 2-1 创业者性格与习惯的同向性

图 2-1 表明，相对于创业目标而言，创业者的性格与习惯具有同向性。其中，性格决定创业命运，创业者的性格特质的形成靠习惯。

3. 创业者性格与习惯的稳定性关系

性格作为人的性情品格，主要表现为一个人在态度和行为方面相对稳定的心理特征。例如，成功创业人士的性格往往会表现出坚强、刚毅、不屈不挠的品格，这种比较稳定的心理特征，有助于推动创业者走向成功，反之，则不利于创业者走向成功。创业者性格的稳定性，主要与为人处事、对事业的态度密切相关，所谓态度决定一切，就在于良好稳定的心态及其所采取的行动，能够使创业者对自己充满自信、对创业成功充满希望，并愿意为之奋斗。正是在这个意义上，美国心理学家史各特认为，"决定成功与失败的原因，态度比能力更重要"。从态度出发，习惯是由行为形成的，具有相对的稳定性，习惯形成性格，使人的性格和习惯也具有了相对稳定的特征。良好的性格及个性特征是一个日常习惯性的修炼过程，养成良好的行为习惯，塑造高素质的品性，是大学生创业应具备的品格。

第二节 大学生创业中性格与习惯的影响

在大学生创业中，由特定的性格和习惯构成的品性具有相对的稳定性，体现在创业的全过程。它不仅影响创业者的行事风格以及管理决策的能力和水平，而且在很大程度上决定着大学生创业的成败。

一、创业者应具备的性格与行为习惯

从一般意义上讲，大学生创业不同于就业，它在挑战性上不是任何人都能够面对的。从现实性上看，它要求创业者具备超常的勇气和决心、坚强的意志力和行为习惯、坚定的创业信念和持续力。因为任何创业都不是一帆风顺的，所谓的梦想成真，一定是依托良好的创业性格和习惯奋斗出来的。

【案例】 ◆◆◆ 任正非的"狼性生存"

现在，华为可以说是家喻户晓，尤其是在美国和西方政客对华为非理性的打压下，华为的声望更趋高涨。从一定意义上讲，华为的成功可以说是任正非"狼性生存"理念的成功，也可以说是作为一名优秀企业家的成功。人们常说，没有任正非就没有华为今天的辉煌。"狼性生存"可以说是任正非创业思想的精髓，他说："企业发展就是要发展一批狼，狼有三大特性：一是敏锐的嗅觉；二是不屈不挠、奋不顾身的进攻精神；三是群体奋斗的意识。"可以说，华为一步一步攻坚克难走到今天，凭借的就是任正非所推崇的"狼性生存"。从性格习惯上讲，任正非所讲的"狼性生存"是他内在品性的体现，这种性格秉性源于他所处的生活环境及其行事风格养成的良好习惯。在他看来，创业就要敢想敢做，不流俗、不平庸，把做一流企业作为使命。

任正非将丛林法则引入到创业进程，作为有效生存的一种规范，既是他的战略思考，又富有长远的眼光，目的是在企业发展壮大之后，消除心理上的浮躁、膨胀，引导华为良性竞争，这是实现良性竞争中胜者为王的有效途径。

（案例来源：曲智. 任正非内部讲话：关键时，任正非说了什么 [M]. 北京：新世界出版社，2013）

【案例分析】 上述案例表明，创业者，尤其是成功的创业者，有着与众不同的性格特质和行为习惯。任正非在创立华为的过程中展现了敢想敢做、勇往直前的奋斗精神，关键时刻敢于亮剑、果断决策的个性特征，以及雷厉风行的行为习惯和管理作风，对大学生创业性格的塑造和良好习惯的形成有着重要的启示。

第一，大学生创业应具有企业家敢于担当、果断决策的性格特质。在大学生创业中，创新型的创业者应该具有相应的素质和影响力，能够为创业带出方向，以及抓大事、办实事、不出事的性格秉性，在推动创业持续发展的重大问题上敢于主动担当，具有敢作敢为、果断决策的能力。华为集团的掌门人任正非正是具备了优秀创业者、优秀企业家的个性特质和非凡的领导力，才把华为推向了成功。大学生作为新时代的创业者，应该向先行者学习，在创业者性格品质的修行上下功夫，通过不断完善自我，推动创业发展。

第二，大学生创业应具有企业家富有远见、艰苦奋斗的良好习惯。在我国创业史上，凡是成功的创业者和优秀的企业家，大都具有远见卓识的创业眼光和艰苦奋斗的精神，拥有争创国内领先、世界一流的创业愿景和目标，并以坚韧不拔的意志品质和奋斗精神，在创业征途上精耕细作，成为今天创业者学习的典范。大学生创业不可能一帆风顺，在面临效益下滑、客户流失，甚至面临失败的压力时，能否拥有临阵不乱的稳定心态、顽强拼搏的意志品质及行为习惯，是对创业者最大的人生挑战。所以，大学生创业只有在性格和习惯等方面不断打磨，才能不断完善健康向上的创业人格和习惯。

二、性格特质影响成功概率

创业者的性格特质和行为习惯与创业成败有着密切关系。通常，积极向上、乐观豁达、充满正能量的人都有一颗不同常人的"骚动"之心，他们不论是做事还是创业都更容易成功。因为拥有良好性格特质的创业者不怕变故、不惧困难，遇事从不推诿扯皮，也不会安于现状，因而可以提高创业的成功概率。

【案例】

李静霞创业的"轴"劲和"狠"劲

说起郑州名泰集团的董事长李静霞，周围的人都认为她的性格中有一股"轴"劲和"狠"劲，正是凭借这种创业者的性格特质，她在健康行业一做就是 20 多年，将事业越做越大。

在李静霞的性格里有着一股"轴"劲，一件事，要么不做，要做就一定要把它做成。20 多年前，从接触健康行业开始，李静霞就认准了这个行业。当时，父母希望她找一份稳定的工作，但她却不为所动，不论家里人如何反对，她就是认准了这个行业。她说："我可以接受别人的不理解，但不能接受对自己的妥协，自己想做的事如果轻易放弃，那做什么事也成不了。"认准了目标，就只管去做，这就是李静霞个性中的"轴"。

李静霞的另一个性格特征是"狠"。她的狠，一是对自己"狠"。多年来，她严格自律，每天早上 5：20 起床，运动完就坐在办公室读书学习、处理工作。她觉得一天 24 个小时根本不够用，因为她要做的事太多。二是对产品质量要求"狠"。公司的每一款产品，她都会亲自试用，细究配置与规格，在规格与产品设计上注重用户的体验。她常把产品与人品挂钩，提出"标准决定水准，人品决定产品，素质决定质量"的理念。三是对服务质量要求"狠"。不论售前、售中、售后，都要做到超一流的服务，这是她从做业务员时就一直践行的一条原则。

创业者的性格决定个人成长，也决定企业发展。郑州名泰集团的成功也可以说是一种必然，因为在李静霞的性格特质中，有"轴"劲和"狠"劲构成的创业韧性，想不成功都难。

（案例来源：根据郑州升达经贸管理学院校企合作项目企业调查整理）

【案例分析】郑州名泰集团是小有名气的医疗器械企业，董事长李静霞作为成功的创业者，凭借对创业追求的"轴"劲、"狠"劲，驰骋商海，揭示了成功创业者独有的性格特质与成功概率的内在逻辑。这进一步说明了良好的性格特质和创业个性有助于提升创业成功率，同时对塑造大学生创业者不畏困难、坚韧不拔的性格特质，具有重要启示。

第一，大学生创业需要具备创业者的坚韧性格。从已有的成功创业案例可知，但凡成功的创业者都会在其创业的历程中留下创业者的个性特征和艰苦奋斗创业精神的印记。创业不仅要"敢闯"，要有胆识，而且还要"会创"，具有见识，尤其是在事关战略决策和创业发展前途命运的重大问题上，要具有稳、准、狠的果断决策力，并能够持之以恒地坚持走下去。

第二，大学生创业需要具备锲而不舍的奋斗精神。真正的创业者常常把创业当作一个事业来经营管理。李静霞的创业成功，有目标也有付诸创业实践的信念。如果大学生在创业中将艰苦创业的奋斗精神付诸创业实践，就会助力创业成功，因为创业成功是奋斗出来的。

三、习惯的力量

对创业成功案例进行分析，不难发现成功的创业者不仅具有与众不同的性格特质，而且在创业中还有与众不同的行为习惯。这些良好的行为习惯及其所构成的品质，是大学生创业者走向成功的实在要素。

 【案例】

走向创业成功——习惯的力量

孙攀峰 2002 年毕业于郑州升达经贸管理学院（以下简称升达）企业管理系，2006 年开始创业，先后从事办公和广告等行业，2010 年进入汽车行业创立河南一诺汽贸集团（以下简称一诺集团）并任董事长兼总经理，2020 年一诺集团营业额达到 14 个亿。孙攀峰能够取得创业成功，在于他具有独自坚守创业承诺的决心和意志品质，坚信"一诺千金"的信条，尤其是长期养成的良好习惯。

孙攀峰在创业中始终保持勤俭朴实的习惯。他讲的"勤"，是指创业者要做到勤快、务实。尤其是创业初期，他几乎没有节假日，全身心地投入在工作中。讲到"俭"，在他看来，管理有两个主要功能，一个是降低成本，一个是提高效率。这个"俭"，也就是要降低成本。对于"朴实"，他认为就是讲信用，做老实人，办老实事，实实在在地做生意，总会受到顾客的欢迎。"勤俭朴实"四个字来自孙攀峰上大学时，升达创办人王广亚先生提出的校训"勤俭朴实，自力更生"，而孙攀峰正是践行这一校训的典范。

创业中的孙攀峰有着勇于担当的性格习惯。在一诺集团，最令人信服的就是他的敢作敢为。他是家中的老大，从小就养成了勇于担当的习惯。他说："担当，是一个创业者必备的素质。因为创业你就要对企业和员工负责，所有的问题和结果最终都必须是创业者来承担。你不能期望任何人给你雪中送炭，也不能期望任何人为你承担责任。"正是靠这种责任担当，他才能够带领整个团队逢山开路、遇水架桥、一路前行。

此外，一诺集团发展到今天，孙攀峰还一直保持着学习和读书的良好习惯。他说："进入知识经济时代，市场变化得太快，不学习很容易落后。同时，随着企业规模的变大，遇到的问题会越来越多，竞争对手的实力也会越来越强，困难和挑战也就越来越大，你必须比竞争对手更善于学习。"所以，无论工作多忙，他都会坚持学习，从不间断。因为在他看来，学习也是一种竞争力。

（案例来源：根据郑州升达经贸管理学院校友会资料整理）

【案例分析】 上述案例表明，在创业的征途上，一旦上路就只能向前走，绝对不能回头，既要有明确的目标方向，又要有坚定的意志品质，还要拥有良好的行为习惯。正如孙攀峰的感悟，当你把创业作为毕生追求，作为人生的一场修行时，要养成良好的创业行为习惯，它可以助力创业成功，要想走向创业成功就要相信习惯的力量。其重要启示如下：

第一，大学生创业要养成勤俭朴实的良好习惯。走向创业路既要勤于工作又要务实创新，既要降低创业成本又要提高创业成效，这既是艰苦创业，也是一种奋斗。孙攀峰在创业中一直保持着勤俭朴实的良好习惯，它是一种难能可贵的创业品质和行为习惯，有助于形成创业者积极向上的健康心态和个性特征，也有助于在习惯的力量推动下助力创业成功，因此是值得今天的创业者学习和效仿的。

第二，大学生创业要培养敢于担当的良好习惯。大学生创业处于复杂的创业环境之中，在处理重大事项和战略决策上要勇于负责、敢于担当。孙攀峰长期养成的为自己和他人负责、善于学习、敢于担当的行为习惯，是他取得创业成功的重要原因之一。大学生创业总会面临各种复杂情况，如果当断不断，必有后患。当然，敢于果敢决断得有底气，它不仅需要创业者具备敢于负责的品质和勇于担当的精神，而且还需要具备科学的决策能力。

第三节　大学生创业性格与习惯的养成

在大学生创业中，创业者要面临重重困难，此时最需要的是坚韧不拔、不向困难低头的刚毅性格和艰苦奋斗的创业精神。针对大学生创业者在性格和习惯上存在的不足，要从自我修炼做起，塑造良好的创业性格和习惯。

一、大学生创业性格与习惯存在的缺失

大学生在创业时总会面临各种压力和困难，最重要的是创业者有没有良好的性格和习惯去面对。但从现实看，有些创业者在性格和习惯上存在一定的缺失，主要表现如下：

1. 创业者意志品性和创新驱动力不足

已有的创业实践表明，在基本相同的社会背景、家庭条件、受教育程度、创业环境下，有的创业者走向成功，而有的创业者则沦于失败。对于创业失败，有人归因于运气不好，怨声载道，而有人在失败后再度出发，永不言败。如果从人格和习惯的力量去分析，不难发现，创业成败在很大程度上是创业性格和行为习惯使然。目前，大学生创业者在性格品性上存在不足：一是缺乏创业者应有的意志和持续力，具体表现是，在创业压力增大、困难增多时，勇气不够足、决心不够大，缺乏顶住压力的勇气和战胜困难的决心；二是缺乏创业者应有的创新驱动力，具体表现是，在创业中缺乏创新引领的意识，习惯于用以往的确定性思维应对变化的创业环境，受制于既有的思维惯性，导致创新驱动力不足，难以把创业压力转化为创业动力。

2. 创业者冒险精神和责任担当不足

冒险精神是创业者在善于探索、勇于创新的长期习惯中形成的。创业经验表明，当创业者发现一个有价值的商机，并经科学论证和决策分析时，如果有七成把握就应该立即付诸行动，否则就会贻误时机，如果等时机完全成熟，这个商机和市场可能已被他人占领。可见，成功的创业者应该具有勇于冒险的精神和品格，同时对自己做出的决定和行为负责。目前，大学生在行为习惯上缺乏冒险精神和责任担当，表现为：一是在创业中冒险意识不强，不习惯也不善于在风险经营中探索进取；二是在创业中缺乏责任担当的品质，在创业风险评估、商机研判等方面，缺乏果断决策的勇气。事实上，创业既是一个奋斗的过程，也是一个充满风险且敢于探险、冒险的过程，所有创业成功者都是在这一过程的洗礼中铸造出来的。

3. 创业者性格习惯和自控能力不足

从创业实践来看，成功的创业者都有良好的自制力，经常习惯性地反思自我、反省承诺，并在创业实践学习中不断实现自我超越。关于不断反省和挑战自我，海尔的张瑞敏说：不要自以为是，而要自以为非。华为的任正非说：我们要严格要求自己，把自己的事情做好，把自己不对的地方改正。可见，凡是成功的企业家，在性格习惯上都会表现出与众不同的个性特征。目前，大学生创业者自制能力存在的不足表现在：一是自我觉察、自我反思程度相对肤浅，远未达到应有的深度，往往习惯于欣赏自己的优点而忽略自己的短板和劣势，

缺乏低调做人的品性；二是自我管理和情绪管理的能力不足，在行动上缺乏建设性反馈，同时又缺乏自我负责和激励，在情绪上缺乏自我控制，容易因外部环境和条件变化出现情绪失控，导致理性缺失；三是自我认知能力不足，由于缺乏清晰全面的个人愿景，以及言行一致的积极价值观，在人格整合的自我认知上，难以与思想和感受形成一致。

二、完善大学生创业者的性格习惯

美国哈佛大学的皮鲁克斯指出：性格保守的人，只是相信以前的陈规，不善于开拓新局面，所以总是重复过去。也可以认为，性格保守的人不利于创业成功。所以，完善大学生创业者的性格和习惯，有利于从人在性格特质方面完善自我，提高创业成功率。

1. 强化创业者的意志品质和创新能力

爱因斯坦指出：智力上的成就，在很大程度上依赖于性格的伟大，这一点往往超出人们通常的认识。同样，创业成功需要创业者拥有顽强的意志品质、艰苦创业的奋斗精神和创新驱动能力。此方面能力素质的提升遵循"一厘米哲学"法则，即在性格和良好习惯养成上，每天都有进步和超越。这就是彼得·圣吉在《第五项修炼》一书中提出的自我超越，通过"力行"不断改善心智模式，正向的创业行为重复多了就会形成良好的习惯，习惯造就坚韧不拔的个性品质和艰苦创业的奋斗精神。创业者的行为习惯对创业性格、能力提升的影响如图 2-2 所示。

图 2-2   创业者的行为习惯对创业性格、能力提升的影响

图 2-2 表明，创业者良好的行为习惯有助于塑造创业者特有的性格特质和创业素质，也有助于提高创业者的综合能力和创业本领。其中，创新是驱动创业发展的根本动力。要提高创新能力，应做到：一是创业者要树立强烈的创新意识，因为唯有创新才有可能解决创业过程中面临的各种问题；二是养成创新思维的行为习惯，凡事要勇于打破常规，善于用创新思维的方式解决现实问题。

2. 强化创业者的冒险精神和责任担当

实践研究表明：创造力是从一些看似无关紧要的东西中得来的，它会一直要求个体去冒险，冒险越大成功的概率也就越大。创业者的冒险精神在人的性格特征上体现的是创业者所具有的创业胆识。这里讲的冒险不是冒进，它所反映的是面对风险挑战敢于应对、敢于担当的精神，如果创业者这种冒险及责任担当的程度越高，意味着创业成功率越高。冒险一定是在反复论证决策后所采取的果断行动。创业者要形成冒险性格和责任担当品格，则应做到：

一是要强化创业者的冒险意识。因为冒险精神存在于每个人的天性中，有人在后天环境的压抑下可能会削弱这种个性，而有人则在后天成长压力下反而强化了这种个性。

二是要强化创业者的冒险精神。首先要从强化意识做起，其次依靠践行，因为创业者的创业胆识和冒险精神不是靠单纯学习得到的，而是在实践过程中修炼得来的。创业者承担创业风险和责任担当的程度越高，所获取的回报率甚至是创业成功率也越高。

三是要强化创业者的风险意识和责任担当品格。创业风险具有不确定性，风险研判的正误事关创业的成败,因此敢于为此负责是创业者应有的品格和风范,但凡勇于冒险的成功创业者,必定具备责任担当的性格品质。这种性格品质,是通过创业者的行为体现出来的,养成这种行为习惯就可以塑造出敢想、敢做、敢于担当的创业性格。

3. 强化创业者的自我管理和自控能力

对创业中的大学生而言,能否创业成功很大程度并不取决于智商,而取决于习惯和性格。成功的创业者除了具备坚定自信、敢想敢做、勇于冒险、刻苦努力、不断进取的性格和习惯外,良好的自我管理和自制力也是实现创业成功不可或缺的性格品质。具有良好自制力的人,能够很好地控制自己的情绪,通过高度的自律来约束自己的行为,实现富有成效的自我管理。

大学生创业者要提高自制力,则需要做到:一是在思想和价值理念上充分认识提高自制力对养成良好性格和习惯的重要性,这种认识的深化、精髓的领悟,是提高自制力的重要前提;二是深刻领会、理解和掌握自制力的内涵和对能力素质的基本要求,逐一解析、把握其中的本质联系;三是积极主动践行自制力方面的能力素质,能力素质的提升是一个自主学习的过程,又是一个基于创业实践的自我修炼过程。

第三章

大学生创业的知识与学习

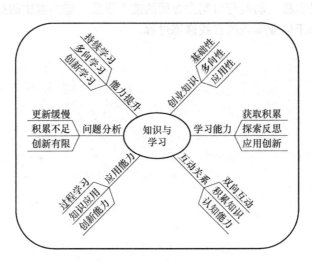

　　管理大师彼得·德鲁克在《创业与企业家精神》一书中指出：知识是创业者重要的资源，管理者关注自我的发展是组织或企业发展的关键。这表明，创业者所拥有的知识存量和再学习能力，是创业者捕捉创业机会、规避创业风险、获取创业资源、实现创业梦想最重要的智力支撑。大学生创业者应正确处理知识与学习的关系，注重知识应用与创新。

第一节　大学生创业知识与学习能力

　　创业知识是推动大学生创业成功及其所创企业发展的基础力量。创业知识的积累需要持续不断地进行学习，学习是个人成功的要素，也是创业者走向成功的有效途径。大学生需要掌握学习的方法，并具备学习和再学习的能力。

一、大学生创业的知识基础

　　大学生创业需要以创业知识为基础。创业知识是指创业者在创业前后经学习和实践取得的有关创业的知识。创业知识具有多向性，夯实大学生创业的知识基础，既需要掌握获取知识的能力，还需要具有驾驭知识、应用知识的能力。

1. 创业知识的基础性

经济合作与发展组织（OECD）在《以知识为基础的经济》报告中对知识做出解释，即知道是什么、知道为什么、知道怎么做、知道是谁。显然，知识有助于消除人们认知上的不确定性，可以引导创业者以创业知识为基础，提高自身的创业能力。创业知识的基础性表现在两个方面：其一，知识是一种力量，早在17世纪，英国哲学家弗兰西斯·培根就提出"知识就是力量"的名言，社会思想家米切尔·弗科特也提出没有知识就没有力量，在知识与力量之间存在着密切的动力学关系；其二，知识是能力的基础，创业知识是提高大学生创业能力的有效途径。在我国，以华为为代表的高科技产业的崛起，印证了知识，尤其是新知识在推动创新创业发展中的巨大作用。新的知识方程式是"知识=能力"，所以共享知识并使它倍增，这已成为今天创业发展不争的事实。

2. 创业知识的多向性

大学生创业以创业知识为基础，创业者知识的多寡和优劣对创业成功率的影响是现实而具体的。创业者拥有的创业知识具有多向性，创业知识是否扎实、知识存量是否雄厚，与创业者的专业深度、知识广度、学识高度、时间维度密切相关。专业深度涉及创业者对专业的深度认识和延伸，在专业领域进行创业活动，失败的风险相对较低；知识广度是指创业知识所涉及的学科非常广泛，信息流量较大，不仅包含所从事创业领域内的行业知识，还涉及经营、管理、社会、文化、心理等多学科领域交融的综合性知识；学识高度要求创业者必须站在哲学的高度，跳出思维局限去看待创业，这样才有助于改善创业者的心智模式，以战略眼光对创业做出整体思考；时间维度要求创业者在特定的时间轴内完成创业。从学业到创业的经历以及所形成的经验知识，是创业知识体系的组成部分，是促进创业的宝贵财富。

3. 创业知识的应用性

对创业知识的认识，学术界有两种提法：一种是通常的知识，注重的是知识的获取和存量；另一种是知识的知识，强调的是知识的转化和应用。比较而言，如果说通过学习获取知识重要，那么驾驭和应用知识就更为重要。美国未来学家托夫勒在《预测与前提》一书中指出：在今天，真正的力量不再是知识，而是知识的知识。大学生创业是从学习知识到应用知识、从知识资本向实用价值的转化过程。正如古希腊生物学家、散文家普罗培戈所言：头脑不是一个要被填满的容器，而是一把需要被点燃的火把。大学生创业如果缺乏应用知识的能力，不能把知识"盘活"转化为价值，那么再多的知识也只能束之高阁。所以，大学生创业需要具备获取知识的能力，更需要具备应用知识的能力。

二、大学生创业的学习能力

学习能力是指人们获取知识、应用知识所具有的能力。学习能力是大学生创业必备的能力，有助于消除创业者认识和实践中的不确定性。所以，大学生创业要从提高学习能力做起。

1. 获取与积累性学习能力

弗莱明指出：不要等待运气降临，应该努力去掌握知识。这表明，创业以知识为基础，创业知识来自平时的积淀和学习，它需要创业者具有一定的学习能力。这种常态化的学习能力包括两个方面：一是获取知识的能力，创业知识的获取关键是创业者要养成善于学习的良好习惯，在潜心学习上保持开放的心态，通过"开放、引进、吸收、消化"对获取的知识进行内化；二是积累性学习能力，在知识学习上，既要学习已有的创业知识，又要在知识更新上不断学习新的创业知识，形成持续学习和连续性的知识积累。学习和积累知识的能力越强，获得创业成功的可能性就越大。

2. 探索与反思性学习能力

创业学习能力具有广义和狭义之分。狭义的创业学习能力是指为追求短期创业成效，通过自我修炼拓展创业思维来开发创业商机。这种创业学习能力带有明确的目的性、功利性、短暂性，是追求创业成效的工具性的能力。广义的创业学习能力是指创业者对已有的认知结构进行加工、重构、内化，对未知领域实现知识存量扩容的更新能力，是创业者对创业思维与创业行为之间的关联进行反思和质疑，注重创业过程的探索性和反思性的学习。探索性与反思性这两种学习方式的结合，体现了在探索中反思、在反思中探索的内在认知逻辑。

3. 应用与创新性学习能力

知识的应用是把所学的知识与具体创业活动结合起来，把知识转化为创业能力的过程，同时也是从"是什么、为什么"向"做什么、怎么做"转换，提高驾驭知识能力的过程。驾驭知识具有掌控之意，包含创业知识的应用与创新两个方面：一是应用知识的能力，体现的是学与用的有机统一，其核心要义是在获取知识的基础上掌握和应用知识，以问题为导向分析和解决创业过程中所面临的各种问题；二是创新性学习能力，主要是从以创新引领创业的发展要求出发，以解决创业现实和未来发展问题为导向，在不断学习新知识的同时，借助创新思维对知识进行重组、转换，提高驾驭知识和解决问题的能力。

三、创业知识与学习的关系

大学生创业者应对市场挑战的根本之道是学习。创业知识与学习能力之间是一种双向互动关系，创业者学习能力的提升有助于厚植创业知识的存量，创业者知识积累的增多有助于提高学习能力的认知水平。创业知识与学习能力之间的关联互动，构成了创业者的知识体系。

1. 创业知识与学习能力的互动

在大学生创业中，由学习形成的创业知识体系是一个持续学习和不断完善的体系，其过程包括三个方面：一是创业者对创业知识的求识与其学习态度密切相关，态度由认知、情感、行为构成，正确的学习态度有助于激发创业者学习的积极性和主动性；二是创业者的知识学习与学习能力相关，提高创业者的学习能力可以提高学习的效率和成效；三是创业者的知识积累与学习认知有关，知识积累越多，越有利于提高学习能力和认知水平。由此循环往复，可以不断完善创业者的知识体系，如图3-1所示。

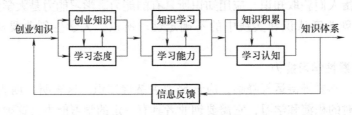

图3-1 创业知识与学习能力的互动过程

2. 创业知识的学习有助于知识的积累

不少大学生进入创业角色时才体会到自身知识的局限和学习的重要性。提高学习能力有助于改进原有的认知，增进知识的积累和转化。在相同创业情境的激发下，不同个体的认知机制和知识吸收能力，导致创业者获取创业知识的数量不同。研究表明，大学生创业者的学习能力以及对创业未知领域的知识感知、吸收、重构的能力与知识的积累和转化呈正比关系，学习力越强，知识积累和转化就越快。创业知识的学习也因此分为两种状态：一是常态的对未知领域的知识进行积累，重构自我。当特殊创业情景与创业者原有认知体系碰撞后，所激发的创新思维促使创业者以不同形式的创业学习来重塑自我、拓展视野。二是主动打破思维惯性，逃离认知舒适区，始终围绕创业项目的推进而重塑自我。结合当下面临的复杂环境，为了降低创业风险，需要不断复盘，主动学习创业知识。

3. 知识积累有助于提升学习的认知能力

创业者的知识创造能力不是与生俱来的，大多是通过不同的途径对创业经验进行直接或间接观察、学习、模仿、内化形成的。从知识和能力的关系看，由专业性知识、经历性知识和常识性知识组成的创业认知体系，可为创业者创新学习提供认知基础，激励创业者对未知领域充满好奇，产生求知欲望，进而产生创业学习动机。创业知识的积累往往在以下两种情境下触发：一是建立在原始认知模式上的创新学习，创业者在创业之初意识到自身知识存量不足，无法应对创业环境的动态变化时，会为规避创业风险或危机，主动激发自我创新学习；二是创业者创业受挫后，对过往行为进行复盘反思，即当创业结果与预期不一致时，创业者会对已有的思维习惯、认知模式、行动逻辑进行梳理、质疑、批判，这种反思过程同样也是创业知识积累的触发过程。以上两种情境所形成的认知基础反映了创业知识积累是从认知到经验、从经验到学习、从学习到创新、从创新到实践的信息转换过程。这种经过凝练、慎思、优化、笃行的创业知识积累为创业者快速学习、增强学习能力，提供认知基础。

第二节　大学生创业知识与应用能力

提高学习、借鉴、应用和创新能力，有助于创业者知识的积累和知识体系的建构，也有助于创业者应用创业知识参与市场竞争。所以，养成善于学习思考的良好习惯和品质，提高学习效率和应用知识的能力，是提高大学生创业成功率不可缺失的重要方面。

一、创业过程的学习能力

大学生创业过程与创业知识的进补是相辅相成的，因为创业离不开创业知识提供的智力支持。创业过程的学习，要求创业者善于学习，并具备快速学习的能力。因为在很多情况下，只有当创业者的学习速度快于市场变化的速度时，才能在捕捉市场机会、识别创业风险、把握创业机遇等方面优于常人。可见，积累创业知识需要高效的学习能力。

【案例】 ......

沈文德在货车行业闯出一片天

沈文德，广西桂林人，是一家货车销售公司的创始人，业务涵盖货车买卖、货车出租、车辆维修保养等。他在刚刚进入这个行业时，三个月没有订单。2003 年，家境不算富裕的他，跟亲戚朋友借了钱，到新加坡求学，靠半工半读完成学业，毕业后在新加坡最大的航空公司上班，由于自己想创业，几年后就辞职了，为磨炼自己，他从销售员干起，但是因为没有销售经验和人脉等一系列因素，吃了无数次"闭门羹"，直到第四个月他才完成第一单生意。后来，他应聘到另一家货车销售公司，通过向前辈虚心请教，学会了很多销售知识，一点一点积累行业知识和经验。2015 年他创立了自己的货车销售公司。

（案例来源：根据 CCTV 官网视频改编 http://tv.cctv.com/2019/04/26/VIDEjI12rMA116k1xbIm4Cx7190426.shtml）

【案例分析】这个案例表明，沈文德之所以能够在货车行业闯出一片天地，与他半工半读完成学业的经历，为创业能够坚持请教他人、向前辈同行学习、积累经验密切相关。事实上，大学生创业知识的积累需要具有善于学习的品质和再学习的能力。

第一，大学生创业不仅面临着角色和身份的转换，而且还要积极应对来自市场的各种挑战。研究表明，大学生创业最缺乏的就是创业知识，因此，大学生选择创业就必须借助学习不断丰富自己的创业知识体系。成功属于那些在创业过程中能够快速学习、思考，又能解决问题、采取行动的人。所以，养成良好的学习习惯、提高学习能力、积累创业知识，对大学生创业成功是至关重要的。

第二，大学生创业知识与大学期间所学的知识有所不同，它更直接面向创业实践，面向市场需要。就像沈文德为创办自己的货车销售公司，虚心向他人请教、向实践学习，不断丰富自己的销售知识体系，不仅成功创立了自己的货车销售公司，而且借助知识的力量使公司销售业绩逐年增长。大学生创业者只有充分认识到自己在创业知识方面存在的缺失，才能虚心向他人和实践学习，从创业知识中获取更多的创业智慧。

二、创业知识的应用能力

大学生创业不仅需要获取创业知识，更重要的是在创业中能够驾驭知识，使知识转化成创意、产品、服务等，实现知识应用价值的最大化。已有的创业经验表明，但凡成功的创业者，大都具有超强的应用知识能力。

【案例】

张良伦的蓄势与腾飞

张良伦，本科学习通信工程专业，辅修工商管理学士学位，在校期间，创办校园数码电商网站。毕业后，保研到华中科技大学信息与通信工程专业。读研期间，他选择了社交、搜索引擎、电商三个职业发展方向。权衡个人优势后，定位于电商。硕士毕业后的张良伦就任于阿里巴巴产品规划师一职，从产品架构到技术研发再到核心电商业务的各种知识，他都潜心学习。在知识积累中他想重启早期的"电商梦"，辞职创业。

离开阿里巴巴，他创办了专门针对女性用户提供的线上、线下返利服务的米折网。进入电商返利服务行业后，他敏锐地察觉到大多返利网站无法一家独大，主要存在的问题一是提现过程烦琐，二是消费体验差。针对以上问题，张良伦学习其他电商交易平台的优点，以网站垫付的方式快速实现消费者返现、提现，这一整改使米折网迅速占领 60% 的市场份额。

阶段性成功并没有让张良伦冲昏头脑，他敏锐察觉到返利网站终究会因为商业模式过于简单而热度不保，必须为米折网建立"闭环"电商交易平台。他深知自己善于做产品研发，对网站管理存在短板。于是，他走访多家企业，学习网站经营知识，不断学习反思，潜心修炼。凭借多年的电商及产品的行业经验，继续创业，建立了母婴垂直电商平台——贝贝网。

（案例来源：根据新浪科技网站文章改编 https://tech.sina.com.cn/i/2013-01-09/12307962089.shtml）

【案例分析】上述案例表明，在同一创业情境中因认知基础不同，导致创业决策截然不同的情况时有发生。张良伦在创业过程中之所以能够迅速捕捉到创业发展与市场对应的"痛点"，并利用所学知识快速调整网站运营策略，提升市场份额和市场占有率，不仅在于他具有获取知识的学习能力，更在于他具有驾驭知识、应用知识的能力。

第一，大学生创业需要不断丰富自己的创业知识。大学生在创业过程中，由于知识更新的速度越来越快，已学知识难免过时，所以需要通过持续学习来丰富自己的创业知识。张良伦在创业过程中，通过主动学习，不断丰富自己的电商知识体系，不仅为他辞职创业奠定了坚实的电商知识基础，而且为他成功实现从米折网到贝贝网的转型提升，起到了举足轻重的作用，印证了创业知识的应用价值和力量。

第二，大学生创业需要不断提升创业知识的应用能力。创业知识源于实践又高于实践、指导实践。创业知识的学习，不是为学而学，而是为用而学。所以，当创业知识被赋予资本属性后，也就具有了相应的实用价值。张良伦在创业过程中彰显的学习本色是知识应用的能力，即在创业实践中不断把所学的电商知识用于电商平台建设，把所学知识转化为创业资本和价值，可谓是知识应用的典范。

三、大学生创业知识的创新能力

经济新常态下的创新驱动，内涵极为丰富，其中就包含有知识的价值转换。大学生创业无论是获取知识，还是应用知识，都是为了进一步创造知识，推动知识向资本的价值转换。以创新引领创业，实现知识向价值转换，关键是要依托创新驱动能力，促进科技发明向科技成果转化。

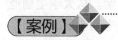【案例】　　　　　　　　　　　　钱旦的技术创新之路

在由团中央学校部和全国学联秘书处共同开展的"寻访2018年大学生创业英雄"评选活动中，西安交通大学材料学院2018届毕业生钱旦入选2018年大学生创业英雄十强，成为投身实践的耀眼明星。钱旦在读研时就跟随导师做了不少涂层方面的科研项目，发现了这一领域的市场前景，在读博期间组建了"匠心云涂"创业团队，成立了专门做涂层的公司。在涂层领域，我国的涂层市场长期依赖国外设备和技术配方，价格居高不下。匠心云涂公司的出现，受到了国外技术封锁和层层打压。为打破国外公司的技术垄断，钱旦带领团队潜心研究，把技术打磨得更好。他们在涂板表面涂上高质量涂层，使之与芯片之间形成一个完全致密的焊接，使散热的效率大大提高，解决了被外国垄断的核心技术难题。

目前，钱旦团队拥有了先进的涂层相关专利67项，先后获得国家技术发明奖二等奖等多个国家级和省部级奖项，目前公司已在长三角、渤海湾等地区建立10余家分公司，其技

术广泛应用于航天、汽车、医疗机械等领域。

（案例来源：根据西安交通大学校友故事改编 http://mse. xjtu. edu. cn/info/1070/3896. htm）

【案例分析】钱旦创业实践表明，大学生创业不仅要有持之以恒的创业报国情怀，还要具有创业能力为成功创业提供支持。同时，钱旦创业成功再一次表明，仅有创业知识是不够的，除此之外，还需要通过不断的技术创新，才能使创业立于不败之地。其中的创业启示是获取创业知识是一个"厚积"的过程，坚持创新就是一个"薄发"的价值体现过程。

第一，大学生创业必须具有先进的创新理念。在市场竞争和创新驱动发展中，企业既是市场主体又是创新主体，大学生创业者无论是参与市场竞争，还是驱动创新发展，只有从创新引领创业的理念出发，才能在创业中激发创新性思考。钱旦就是在参与导师科研项目中领略到涂层技术市场开发前景的，从而创立了匠心云涂科技有限公司，成功地将涂层高性能技术应用到生产中去，将科技知识转化为市场价值。

第二，大学生创业必须具备一定的创新能力。大学生创业实质上是利用知识、技术、商业模式等创新要素，对现有资本等有形要素进行重新组合的创新驱动过程。钱旦创业成功的案例表明，大学生创业尤其是在科技领域，只有通过技术创新将成果转化为商品并形成产业，才能真正体现出创新创业的价值。所以，大学生创业不仅需要市场头脑，而且还要有足够的创新驱动能力，这是大学生创业走向成功最有效的制胜途径。

第三节　大学生创业学习能力的提升

大学生创业阶段大致分为：创业启蒙阶段、初创阶段、转型阶段等。每个创业阶段所需要的创业知识和学习成效略有不同，创业启蒙阶段的专业知识学习，初创阶段的行业商业知识学习，转型阶段的企业经营管理等知识学习，都需要以学习能力作为支撑。

一、大学生创业学习能力的不足

大学生开始创业并不是学习生活的终止，而是进入新领域再学习的起始。从大学生创业的现状看，学习动力不足，知识积累缓慢、知识应用不足等，依然是大学生创业群体普遍存在的突出问题。

1. 创业知识学习动力不足，知识更新缓慢

学习型社会的显著特征是"知识改变命运，学习决定未来"，它从一定意义上揭示了学习在个人成长中所具有的重要作用。在大学生创业中，持续学习是创业者应有的一种品质。然而，在大学生创业者中，确有一些创业者由于之前没有养成良好的学习习惯，加之缺乏持续学习的意识，致使知识更新缓慢，难以适应创业发展对知识更新的要求。事实上，大学生创业是一个面向创业实践的持续学习和知识更新的过程，如果学习动力不足，知识更新缓慢，又过度把精力放在短期收益或创业成效上，就难以克服因知识进化所带来的认知局限，也难以应对因知识更新速度加快所带来的创业风险和挑战。

2. 创业知识缺乏广度和深度，知识积累不足

研究表明，大学生的创业知识积累和创业经验不足，是创业者比较突出的两个短板。由于创业知识积累有限，导致创业知识的广度和深度远未达到创业对知识储备的要求，主要表现为：一是创业知识积累的广度不足，大学生创业需要广博的知识作为智力支撑，但由于以往所学创业知识有限，造成了对有关创业项目的选择、风险评估、企业经营、财务管理、团队建设、战略规划等方面知识的缺失，一旦某个方面出现问题，往往会束手无策，使问题陷入困局；二是创业知识积累的深度不足，大学生创业知识的积累需要广度，也需要深度，如果创业知识的积累缺乏深度，就难以对创业项目深耕细作，也难以形成创业的专长和优势。事实上，大学生创业者核心专长和优势的形成最终来自创业知识专与博的完美结合。

3. 创业知识应用能力不足，知识创新有限

随着现代科技创新指数不断增长，科技知识的应用使产品的科技含量越来越高，产业不断向高层次发展。在这一背景下，科技成果应用周期缩短，科技知识转化的速度不断加快。反观大学生创业，其中不少创业者由于创业知识应用能力不足、创新有限，不仅难以形成有效的创新驱动，也难以使创业知识转化为创业资本和效能。从这个角度看，在大学生创业中必须重新认识知识应用的价值，因为离开了资本去谈知识创新，或者离开了知识去谈资本都是毫无意义的。

二、提高大学生创业者的学习能力

大学生创业者的学习能力，实际上指的是个体吸收知识和运用知识并改变工作和生活状态的能力。通常，个人学习力的提升是以创业者的生理条件为基础，由个人的学习态度和学习能力构成，可以简单表述为：学习能力提升=学习态度+学习能力+学习条件。创业者学习力的模型如图3-2所示。

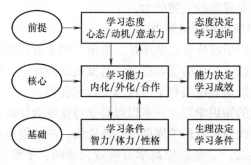

图 3-2 创业者学习力的模型

增强大学生创业知识的学习能力，有助于提高创业知识学习的速度、广度和深度，从获取和应用知识中吸取力量，在知识更新中提高创业的能力素质。

1. 持续学习，提高学习和再学习能力

在学习型社会中，学习日益成为人们的一种生活方式，知识更新不仅包括创造新知识，也包括摒弃旧知识，这需要对知识和学习进程本身进行持续的探索和自我思考。处于知识经济时代的大学生，养成良好的学习习惯和持续学习的意识品质，对于有效利用创业知识的价值、提高创业成功率具有重要的现实意义。创业者持续学习，能力素质就越高，获取知识或知识更新的速度就越快。提高大学生的创业学习能力，一是要树立先进的学习理念，养成终身学习的良好习惯，用先进理念引领学习习惯的养成，有助于实现从大学学习到创业学习的有效对接，保持学习的可持续性；二是注重创业过程的学习，形成"创、学"结合的学习方式，在创业实践中把创业与学习有机结合起来，不断丰富学习的实践内涵；三是强化创业的反思学习，建立问题导向的学习导图，创业过程是不断发现问题、分析问题和解决问题的过程，以问题为导向的反思性学习，是有的放矢获取创业知识的有效途径；四是优化创业的学习方法，注重选择高效学习的方法，方法是大学生创业学习的主体引渡，方法的优化选择、多元并用和功能互补，有助于大幅度提高学习效率。

2. 多向学习，拓展知识的广度和深度

大学生要成为懂技术、善经营、会管理的创业者，必须通过不断提高多向学习的能力，拓展创业知识学习的广度和深度，成为创业知识宽、行业知识基础厚、管理知识能力强的创业者。

提高创业者的多向学习能力，一是要拓宽创业知识的学习广度。为与 21 世纪知识进化的速度增长相适应，拓宽大学生创业知识的学习广度，有助于创业者以需求为导向，拓宽创业知识的学习领域，不断完善从创业到经营、从管理到规划、从战略到决策、从投资到风控、从沟通到协调等方面的知识，以广博的知识应对来自市场的挑战。也有助于以着眼于未来为导向，开拓创业知识学习的新视野，通过不断学习创业新知识、拓展创业新领域、掌握创业新技能，增长创业才干，提高创新能力。二是提高创业知识学习的深度。从"术业有专攻"的角度来提高创业者深度学习的能力，不仅要以创业的核心意识为导向，以培养创业者的核心专长为中心展开深度学习，也要以创业者的核心专长为导向、形成核心竞争力为目标展开深度学习，还要以创业的核心竞争力为导向，把核心竞争力与市场需求结合起来展开深度学习。核心竞争力是一个企业通过深度学习持续开发新产品、新服务和不断拓宽市场的能力，同时也是实现创业成功的关键能力。

3. 创新学习，提高知识更新转化能力

在知识经济时代，知识呈爆炸性指数增长，决定了创业者的知识创新必须改变传统的学习方式。如果创业者停止创业知识的学习更新，其发展就会终止，如果创业者不能促进知识向资本价值的转化，也难以形成市场竞争的核心专长和优势。

在当前，实现创新性的知识学习，一是以提高学习速度为导向，持续强化创业者知识更新的能力。研究表明，当代知识更新的周期短，速度快，决定创业者必须提高学习速度，才能应对知识更新带来的挑战。二是以提高学习质量为导向，不断增强创业者知识转化的能力。创业知识学习的质量可以用学习的广度和深度来表征，也可以用学以致用或知识向资本转化的程度来衡量。因为无论是知识的学习，还是知识的自我更新，都是为了把知识应用于创业过程，用以解决创业活动面临的各种复杂问题，更重要的是通过知识的转化把发展核心竞争力作为培养获得未来竞争优势的手段。从这个意义上讲，提高大学生创业成功率，不仅要善于学习，注重知识更新和转化，而且要把创新作为发展核心竞争力、保持竞争优势的根本动力。

第四章

大学生创业的智商与情商

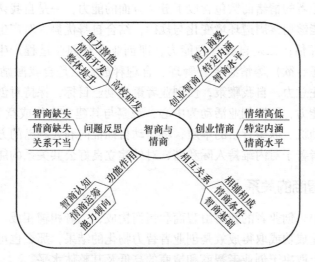

大学生创业从项目孕育到团队组建、从融资决策到供应渠道、从产品研发到市场拓展，需要以创业者的智商为基础、以创业者的情商为支撑。注重开发大学生创业智商，提升大学生创业情商，对提升大学生创业的能力素质至关重要，对提高大学生创业成功率意义深远。

第一节　大学生创业能力与情商智商

在大学生创业能力提升中，如果说智商（IQ）决定创业者掌握创业知识和技能的多少，那么情商（EQ）就决定创业者控制自我和他人情绪能力的大小。提高大学生创业能力，既需要以创业智商为基础，又需要以创业情商为支持。

一、大学生创业的智力商数

美国心理学家 Peter Salovey 和 D. Mayer 认为智商是通过对个体信息存量的测量（如记忆力、语言能力、计算能力和感知速度），反映人的观察、认知、思维、语言、计算的能力。

创业的智力商数即创业智商，它与智商的含义略有不同，主要指由个体先天智力引导，通过后天创业知识的学习，由创业认知存量形成边界的思维能力。创业智商包含创业者对自身专业知识的运用与支配能力，也包含着与创业相关的创业知识的运用与支配能力。大学生创业者如果创业的智力商数偏低，容易造成自身创业认知受阻或智商优势无法聚焦、创业边界思维缺失，甚至导致创业活动功亏一篑。所以，开发大学生创业智商，有助于充分聚焦创业主体的智商优势，通过认知和洞察力的提升，为创业提供重要的智力支持。

二、大学生创业的情绪商数

美国心理学教授丹尼尔·戈尔曼在其《情感智商》一书中指出，情绪商数简称情商，是个体面对刺激源时，能够了解自身感受，控制冲动和恼怒，理智行事，保持平静和乐观心态的能力。创业者的情商，具体是指在创业活动实施过程中，为实现创业绩效最大化，创业主体在自我认知、自我管理、自我激励、认知他人情绪以及处理人际关系等方面，所表现出来的情绪商数。创业者的情绪商数包含以下五个方面的能力：一是自我认知能力，即创业者身处商业情境中，能够洞察周遭环境变化与规律，结合自身优势，对产生的创业动机或捕捉到的商机进行客观评估；二是自我管理能力，即创业者对创业过程产生的"七情"（喜、怒、哀、惧、爱、恶、欲）等情感妥善管理、合理释放；三是自我激励能力，即通过正面情绪调度创业者的注意力，自我鞭策，使创业者聚焦创业目标，保持对创业的高度热忱；四是认知他人情绪的能力，即以创业活动为中心，观察与其建立合作或竞争关系的人际网络，洞察他们的情绪、动机、欲望背后的本质，将活动目标推向利人利己的方向；五是人际关系管理能力，即创业者善于对内维持人际和谐，对外建立良好公共关系的能力。

三、创业情商与智商的关系

在大学生创业中，创业者的智力由智商和情商构成，二者相辅相成。就大学生创业成功率而言，如果说创业成功或取得成效是创业者智力物化的结果，那么也可以认为大学生创业的成败在很大程度上取决于创业者智商和情商的高低及其整体水平。

1. 创业智商是创业情商得以提升的必要基础

大学生创业智商，是衡量创业个体综合认知水平的主要指标，也是大学生创业必须具备的观察与思考、思维与想象、语言与表达、分析与判断等构成的智力水平。创业者的智商是潜能开发和情商提升的基础，通常当个体生理年龄达到 17 周岁时，智商到达顶峰。随后整个成年阶段大多数人都基本保持不变，直至年老时衰减。创业智商则不同，它会随着创业者经验的积累，拓宽对创业知识和技能的认知边界，提高识别商机、风险研判、规划决策等水平。在这个意义上，创业者智商的高低不仅决定着掌握创业知识和技能的多少，而且还可以为进一步开发和提升创业者情商提供必要的智力支撑。这表明，大学生创业情商的开发离不开一定的创业智商，创业智商越高，越利于创业情商的开发和提升。

2. 创业情商是创业智商发挥优势的必要条件

大学生创业情商，是指准确地识别、评价和表达自己与他人的情绪，适应性地调节和控制自己与他人情绪，以及利用情绪信息的能力。它在创业中可以帮助创业者确定自我角色，建立与他人良好的人际关系，是创业者应付创业人际关系的需要和压力下继续保持创业发展韧性的关键因素。这与卡耐基提出的"管理者的成功，15%取决于自我的专业技能，85%来自于人际关系的相处"的观点相符合。创业情商对创业成功具有关键作用，有助于使创业者的智商得到充分发挥，也有利于消除创业中可能出现的各种人际障碍，进而建立良好的人际关系。当然，智商和情商是创业者个人成长不可分割的两个方面，如果一个人在 EQ、IQ 和相关工作的学习和成长经验这三方面都能拿到高分，那么他的成功机会将会更大。大学生创业亦是如此。

第二节 大学生创业智商情商的作用

大学生创业智商的潜能开发和创业情商认知能力的提升，对促进创业有重要的价值。创业智商有利于提高所需要的创业知识和专业技能，为发挥优势提供支持；创业情商的人际交往智慧，有利于增强创业者的个人魅力，通过营造良好的人际关系促进创业健康发展。

一、创业智商与认知能力

创业智商偏高的创业者做事比较执着，专注度较高，相应的边界意识较强，有助于提升自身的认知思维能力和决断力等基础能力。通常，高智商的创业者因高度专注创业发展，而具有较强的自我触底反弹能力。

【案例】

舒为不断打破"舒适圈"

舒为，19 岁时与四位伙伴创立了广告设计工作室。由于营收失衡，公司一度濒临破产。为了扭转颓势，舒为开始拼命接单。2006 年，公司业务发展渐入佳境，眼看要苦尽甘来，她却选择净身出户，开启了斯坦福 MBA 学习之旅。

2009 年学成归来的舒为进入人人网担任职业经理人，主要负责海外业务拓展和并购。在她的努力下，人人网的版图不断扩大。两年后，舒为再次选择离开。她认为职业经理人的职责是维护规则，而自己更渴望成为创业者去设立规则。2012 年，她再次踏上创业征途，与新团队开发了一款以 GPS 技术为支撑的社交应用软件——Civo，因用户数量无法持续增长导致项目无疾而终。但是，舒为的创业热情没有因为失败而终结。2014 年，舒为发现家具行业规模巨大，但因传统家具行业的库存压力和需求错配等问题，导致时尚家具市场占有率分散，难以形成品牌。于是她邀请欧洲顶尖设计团队结合中国家具特色，研发简易家具，以"匠心品质、卓尔精"为爆点，打造电商家具品牌"造作"，同时搭建线上平台以提高配置效率，减少库存。如今，"造作"已成为年轻消费群体最喜欢的家具品牌之一。

（案例来源：根据腾讯网站文章《斯坦福创业女孩舒为：不将就闯出霸道青春》改编 https：//edu. qq. com/a/20150403/019750. htm）

【案例分析】舒为创业的案例表明，在大众创业的今天，从初次创业到二次、三次创业已不再是什么稀奇的事情，在这种情境下，以创业者智商为基础的更优秀的学习能力提升就更为重要了。在这方面舒为创业成功的案例对当前大学生创业有以下重要启示。

第一，面对创业失败，要有追逐梦想的欲望，还要有提高智商的智力支撑。舒为在创业成败之间游走，每次选择都不是盲目的举动，而是有着深思熟虑的思考。所有这些选择和思考，得益于她自身高智商所体现的认知水平和思维能力，以及坚持以创业为导向，永不言败、着眼于未来的创业定力。

第二，面对创业的得失，要有正确的得失观念，要有正确的认知和研判，还要有能够兼顾理想与现实的智商水平。舒为在初次合伙创业成功后，依然放弃而选择读书，说明她在创业路上对进与退、取与舍都有比较明确的辩证思考，学成归来后对创业理想与现实的把握上更加精准到位，体现了一个成功创业者应有的战略思考能力和人格特质。

二、创业情商的自控能力

丹尼尔·戈尔曼提出自知是情商的基础，也是良好人际关系建立的第一步。在创业者与人、事、物接触过程中，能正确地从自我认知出发，建立良好的人际关系，是创业活动可持续发展的前提。我国古代思想家老子曾说过："知人者智，自知者明。"创业者的"自知"是一种拥有自我管理、自我激励的内在智慧，而与他人有效互动的能力是另一种人生智慧。创业者拥有了这两种智慧，才能建立良好的人际关系。

三、智商情商的机会把握

对大学生而言，由智商和情商体现的能力倾向及潜能开发，是创业者走向成功的实在要素，无论是对创业机会的把握、趋避风险，还是创业团队内外合作、建立良好的人际关系，都是以智商和情商为基础，以能力素质为支撑的。

无论是进入职场还是大学生创业过程中，由智商和情商体现出的能力素质，对于把握发展的机遇和提振事业的发展都是不可或缺的。

第一，坚实的专业技能和发展的潜在能力是事业发展的重要基础。大学生创业一定要以创业技能为基础，在创业路上始终保持勤奋向上的状态，开发个人的创业潜能和潜质，这就是古语中"勤能补拙、工能补天"所讲的道理。

第二，良好的职业素养和高情商是取得事业成功的重要前提。实际上，大学生创业的过程，也是个人情商的自我修炼过程和职业素养的提升过程。"高调做事，低调做人"是人之为人的本色，也是事业走向成功应有的情商水平和难能可贵的品质。

第三，高智商和高情商是走向事业成功的智力支撑。大学生创业者要构建团队内外良好的人际关系，这种情商是不可缺失的。

第三节　大学生创业智商情商的培育

在大学生创业过程中，创业者智商和情商的水平对创业成功有着极为重要的影响，无论是创新创业教育，还是大学生自我成长，都需要精心加强智商和情商的潜能开发和培育。提高大学生创业者的智商和情商，应从反思性思考和问题导向出发，来提高创业智商和情商水平。

一、大学生创业智商情商的反思

在当前，我国大学生创业失败率远大于成功率，说明大学生创业群体智商情商的总体水平还不能与创业所需智力水平相适应。从反思性思考出发，对大学生创业智商水平的缺失、情商水平存在的不足做出分析，以便有针对性地提升大学生创业的智商和情商水平。

1. 大学生对创业智商认知的缺失

大学生创业智商及其所反映的智力结构，主要由观察力、记忆力、思维能力、想象能力和操作能力等组成。其中，观察力用以接收来自创业的外部信息，记忆力用以保存和检索创业的外部信息，思维能力用以吸收加工处理创业的外部信息，想象力用以创造性思考外部信息，操作能力用以把加工处理的创业外部信息转化为物质力量。从大学生创业智商及其智力结构上看，上述基本能力都有不同程度的缺失，其中，创业者对自身智商水平认知的缺失，不利于自我潜能的开发和认知能力的提升，同时也影响智商水平的提升。

2. 大学生对创业情商认识的不足

大学生创业情商水平反映的是创业者情绪智力的高低，相对大学生创业成功率而言，通过 EQ 测试可以提供一个比 IQ 测试更能预测成功的依据。它表明，创业者情商水平对创业成功有着举足轻重的作用。但根据国内有关大学生创业能力的调查可知，尽管近年来大学生创业对情商的认可度有所提高，但对其重要性的认知仍存在缺失和不足，导致在创业实践中缺乏对自我和他人情绪的管理和有效控制。同时，由于人际关系处理能力不足，难以在创业团队内外关系上形成有助发展的良性互动。

3. 创业智商情商关系处理不当

智力是大学生创新创业最基本的要素，它由认知智力的智商和情绪智力的情商构成，二者在创业的不同阶段、不同环节、不同方面发挥作用，共同决定创业者智力的高低和水平。目前大学生创业在这方面存在的主要问题，一是对智商情商的认识不够深入；二是对二者的关系把握不够精准；三是二者协同的互为支撑不够到位。上述问题的存在导致创业者对智商情商关系处理不当，同时也影响二者水平的总体提升。

二、大学生创业智商情商的开发

大学生的创业成败在一定程度上反映了创业者的智商和情商水平。当前，提高大学生的创业智商和情商水平，是一个潜能开发和提升的过程。因为创业实践和创业者的主观能动性及其发挥程度，对智商和情商的潜能开发及其智力发展起决定性作用。

1. 创业智力潜能开发的能力提升

智力水平是指创业者的认知能力及其行动结果所达到的水平，是创业者观察、记忆、思维、想象、操作等能力的总体。大学生创业智力的高低可用智力商数来表示，开发大学生创业智力，旨在通过对大学生创业潜能的开发，提高创业者的智商水平和创业能力。

第一，提高创业者的观察能力。任何创业者都期望能对创业活动、现象、环境做出准确客观的观察，但往往难以做到，这是由于先入为主的个体经验和信念等因素所致。这就决定了创业者在进行观察时，一要排除主观臆想，以全面、客观的态度去观察现象；二要防止所观察现象的事件被扭曲，要以观察对象的事实为依据，透过现象看本质；三是观察凭借的经验应该是经过反复验证的经验，观察的事实应该是去伪存真的事实，这样才能使创业者的观察更趋于客观、全面。

第二，提高创业者的记忆能力。记忆能力是获取来自观察等外部信息的储存器，具有存储和检索各种信息的功能。记忆能力，一是可通过形象记忆、逻辑记忆、联想记忆、理解记忆等方面加强训练；二是可以从记忆的快捷性、记忆的敏锐性、记忆的保持性、记忆的正确性和记忆的备用性等方面加以提升。提高记忆能力关键是要加强自我修炼。

第三，提高创业者的思维能力。思维是大脑的一种机能，提高思维能力实际上是提高运用一定的思维方式对大脑储存的信息进行加工处理的能力。一是创业者思维能力的提升，可以通过形象思维、抽象思维、灵感思维等方式进行思维训练，提高创业者的思维能力；二是可以从不同思维方式及其思考的深度、广度、灵活性和独创性等方面进行思维训练。开发科学思维的潜能，难点在于创业者的习惯和所持态度。强化意愿、养成习惯、端正态度并能学以致用，是提高科学思维能力的重要前提。

除上所述之外，创业者认知智力的潜能开发，还包括分析判断、想象力、操作能力等潜能的开发，其核心是具有创新特点的创造力的潜能开发。

2. 创业情绪智力开发的能力提升

从情商测评的视角看，情绪管理是指人在情绪情感、意志和承受挫折等方面所表现出来的品质。美国心理学家戈尔曼在他的研究中，把人的情商概括为五个方面的能力，如善于自我激励的能力、认知他人情绪的能力、处理人际关系的能力等。据此，我们把大学生创业情绪智力的开发和能力提升，概括为以下几个方面。

第一，认识自我和他人情绪能力的提升。提高情绪的认知能力，一是提高对自身情绪认知的能力。这是一个从自知到自明的过程，又是一个从认知到归因和表达的过程。其中，认知就是当你的情绪包括思想、感受和行为发生改变时，你能够觉察到而不是否认它，这就需要提高创业者的自我觉察和识别能力，能够正确辨识哪些是正面情绪，哪些是负面情绪；归因就是在及时识别自己情绪的同时，还能觉察到自身情绪产生的原因，并做出相应的分析；表达就是能够借助语言表情、身体语言把自己的情绪准确地传递出来。二是提高觉察他人情绪的能力。与认识自我情绪类似，它需要快速做出准确的识别和评价。其中，移情在对他人情绪识别评价中有着重要作用。所谓移情，是在认识和理解他人情绪的同时，还要在自己内心中能够体会到他人的情绪。提高这种体会的程度对识别、评价和表达他人的情绪是至关重要的。提高认识自我和他人情绪的能力，关键是提高创业者对自我和他人情绪的识别、评价和表达的水平，要在快速识别、客观评价、准确表达能力的培养上下功夫。

第二，管理自我和他人情绪能力的提升。对自我情绪的管理是以自我情绪识别和评价为基础的，因为只有自己觉察到，才能面对，进而处理。所谓处理，就是创业者借助于个人的认知和分析能力，选择可行的分析行为策略和行动，对自我情绪进行主动调节控制的过程。创业者自我情绪的调节，可以抑制或消解烦躁、紧张、焦虑、消沉等消极情绪，调动和增促乐观、主动、向上等积极情绪，同时也可采用静坐、深呼吸等各种形式的放松训练，提高情绪管理能力。由于创业者处于创业内部的关系中，在对自我情绪管理的同时，还需要在对他人情绪识别的基础上，借助相应的分析策略或方法手段，对他人情绪管理进行主动调节，使他人情绪经调节而回归到正常的心理状态。

第三，管理情绪建立良好人际关系能力的提升。情绪管理在创业人际关系建构中是一个不可忽视的关键因素，这就需要提高创业者的自制力，它包括六种能力。创业者的自制力如图 4-1 所示。

图 4-1 表明，自制力是创业者情绪智力的一个关键因素，尤其是创业者在处理内外部的复杂关系时，如果具有接纳和改变自己的想法、感受和行为的能力，同时又具有了解和内心

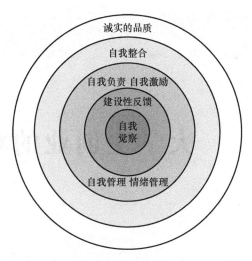

图 4-1　创业者的自制力

体会他人的情绪能力，那么在创业者与他人交往中，有助于促进与他人共悟和相互了解，在良性互动中增进共识且彼此认同，为建立良好的人际关系创造条件。提高大学生创业的自制力，需要不断进行反思性学习，在实践中不断进行评估和改进。当然，学会改变、坚守诚实、践行心灵的承诺是提高自制力不可或缺的实在要素。

3. 创业智力开发的整体能力提升

　　大学生的创业智商和情商共同构成创业者的智力水平，二者相互影响，对于创业者把握市场机会、整合资源，了解市场动态、客户需求、行业发展趋势，以及创业的组织管理、产品开发和创造竞争优势，都是不可缺少的智力支撑。所以，创业者智力潜能的开发，应从能力系统建设的整体上做出思考。第一，注重整体性。在创业者智商情商潜能开发中，不能顾此失彼，而应该把二者看作创业智力系统的构成要素，统一在潜能开发和能力提升的系统整体中。第二，注重协同性。创业者的智商情商水平在创业中是互为对应、相互协同的两个方面，潜能开发的要义是为了形成合理的智力结构，在创业中发挥它们的协同效应。第三，注重互补性。创业者的智商情商水平因人而异，优势各不相同，在潜能开发应用中各有侧重，短板力求补齐，功能力求互补。第四，注重效能性。创业者智商情商潜能开发，不是为开发而开发，而是在创业智力结构上促进潜能向能力转化，能力素质向创业价值转化，最终目的是提高大学生的创业成功率。

第五章

大学生创业的观察与思考

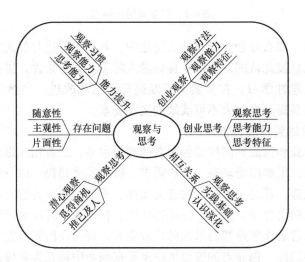

培根认为：读书的目的不在于它本身，而在于超乎书本之外，只有通过细心观察才能获得处世智慧。这表明，大学生创业不能忽视向实践学习，通过对创业实践的观察与思考，才能获得创业的智慧。提高观察与思考的能力，对于创业者获取创业的感知信息、探索创业规律、发现创业机遇、提高创业成功率具有重要的现实意义。

第一节　大学生创业观察与思考能力

在大学生创业中，观察被认为是一种有目的、有准备获取感知信息的认识能力。观察总是与思考相联系，思考是运用已有知识对观察获取的感知信息进行综合分析的一种能力。对观察与思考的内涵进行深层次透视，有助于提高大学生创业的观察思考能力。

一、大学生创业的观察能力

在现实生活中，观察被认为是一种最古老、最简单的认识方法，也是人类认识活动中最基本的实践活动方式。在科学认识中，观察是一种感知事物的方法，同时又是一种能力。同样，在大学生创业中，观察能力是创业者必须具备的一种能力。

1. 创业者的观察能力

观察是人们认识客观世界的一种基本方式，人们生活在现实的三维空间，借助于视觉观察可以感知现实的存在、发展和变化。大学生的创业观察，是指创业者在创业中为了认识和把握市场，通过自身感官和已有的知识基础与结构，有目的、有计划地考察对象、描述对象，获取感性认识的一种创业活动。这种通过观察获取感性认识的能力，就是观察能力。培养大学生科学观察能力，重点是掌握科学观察方法的应用技巧。观察包括对认识对象的考察、事实的记录、过程的描述等，目的是为理性认识提供丰富的材料。观察是感知外部世界获取感性认识的基本途径，也是大学生学习和创业活动中主体认识提升的出发点。

在人的一切活动领域，都离不开相应的观察。马克思从资本主义司空见惯的商品现象中，通过观察和追根究底，发现了剩余价值的"秘密"。达尔文曾对自己做过这样一个评价：我既没有突出的理解力，也没有过人的机智，只是觉察那些稍纵即逝的事物并对其进行精细观察的能力，可能在众人之上。同样，在大学生创业活动中，要想发现新的未知的东西，需要细致入微的观察。科学观察力的核心要义是：力求真实、力求客观、力求全面。

2. 创业观察能力的特征

观察是人们认识事物获取感性认识的基本环节，正如门捷列夫指出的：在科学认识领域，观察是第一步，没有观察就没有接踵而来的前进。大学生创业及其取得的成就，在很大程度上与创业者观察能力的发展水平密切相关，观察能力强，对事物的感知就会相对全面且精确，在头脑中获取的信息也就丰富且完善。通常，观察能力主要具有以下三个方面的特征。

第一，观察力的敏锐性。敏锐性是指能够快速获得观察对象的有关信息，能够发现容易忽略或不易发现的东西。观察力的敏锐性是创业者捕捉机遇、发现商机最重要的品质，它有助于创业者在观察中不放过例外的情况，在司空见惯或众所周知的现象中观察到别人视而不见的东西。研究发现，许多有作为的创业者大都有敏锐观察力的品质。

第二，观察力的准确性。准确性是指能够正确地获得观察对象的有关信息，力求观察所搜集的素材真实可靠。观察是主体感官感知对象的过程，在这一过程中，复杂的客观条件会使人的大脑产生错误的印象。因此，为了避免观察中产生各种错觉，需要在创业实践中反复观察，力求客观反映认识对象。

第三，观察力的全面性。全面性要求从事物的各个方面、各个角度及其发展过程进行系统观察。经验表明，人们利用感官的观察是不完全、不充分的，有时还需要借助各种工具手段进行观察，即便如此，也难以完全避免创业观察出现片面性。这就需要创业者从不同角度、不同范围进行缜密观察，才能获得比较全面的观察结果。

二、大学生创业的思考能力

思考，尤其是独立思考不仅是从事发明创造的科学家应具有的品质，而且也是高校大学生从事创新创业活动的必要前提。大学生创业的观察与思考，是对观察对象信息进行独立分析判断、探求答案和解决问题的过程。

1. 创业者的思考能力

在大学生创业中，创业者的观察思考，无论是有意识的行为，还是无意识的心理活动，都存在于创业活动中，并时时处处发挥着重要作用。所谓思考，是有助于阐述或解决问题、制订决策、满足或了解欲望的一切心理活动；思考是探究答案，获取意义，它包含观察、记忆、分析、判断等一系列的心理活动。创业者的观察及其思考是一种能力，世界上但凡有成就的科学家、企业家，大都有超凡的独立思考能力。爱因斯坦是善于独立思考的科学巨人，他认为：发展独立思考和独立判断的一般能力，应当始终放在首位，而不应当把获得专业知识放在首位。如果创业者既具有一定的创业知识，又具有独立思考的能力，那么在创业的道路上一定能做出一番事业。

创业观察思考能力，是对创业者通过观察获得的感知信息进行加工处理的过程，有利于创业者开启心智、激发想象、增进创新、解决问题。缺少思考大脑就会枯竭，只有积极思考才能创造奇迹。

2. 创业思考能力的特征

大学生创业从观察到思考，都是为了能动反映创业的现实。其中，思考是创业者智力结构的核心，思考能力对问题的分析起主导作用，并具有以下显著特征。

第一，思考的广阔性。广阔性是指大学生的创业观察思考具有一定的广度，表现为创业者善于从多方面在不同创业活动中进行思考。创业者思考问题的广阔性，有助于从不同角度来观察思考对象，从多向度的细节发现问题，也有助于使创业者获得更为广阔的知识，在新成果应用、新产品开发、新市场拓展等方面取得新的突破。

第二，思考的深刻性。深刻性是指创业者思考问题的深度。研究表明，无论是科技领域的发明创造，还是产业领域的技术创新、管理创新，只有对问题的思考达到一定的深度，才能创造成功，才能透过现象发现事物的本质，抓住事物的本质规律。爱因斯坦说："学习知识要善于思考、思考、再思考，我就是靠这个学习方法成为科学家的。"思考、思考、再思考就是强调对问题思考的深度。大学生创业也是如此，对观察对象及问题的深度思考，既是创业过程中对各种问题认识的不断深化，也是解决问题的前提。

第三，思考的灵活性。灵活性是指创业者对问题的思考，依据创业内外环境变化而变化，灵活地认识问题。经验表明，机智灵活的思考，有助于创业者在动态变化中把握市场变化和行业发展趋势，提出符合创业实际的商业模式，找出解决问题的设想、方案和可行途径。

第四，思考的独创性。独创性是不墨守成规、求新达变，是善于独立发现问题、提出问题、分析问题、创造性解决问题的一种思维能力。独创性思考是大学生创业者进行创造性活动的前提，它具有科学性、新颖性、开拓性、创新性等特点。已有的经验表明，创业中的点子大都来自创业者的独创性思考。可见，独创性思考是大学生创业难能可贵的思维品质。

第五，思考的系统性。系统性是指将考察对象视为系统，从系统的整体与部分、整体与环境的互动关系出发考察对象，以求得最佳整体性思考的一种方法。系统思考最本质的特征是整体性，这种以整、分、合的逻辑来考察对象的方法，被认为是最具普遍意义的一种思维方法。

三、创业观察与思考的关系

在大学生创业中，创业者的观察与思考是紧密联系在一起的，创业主体既是观察者又是思考者。观察旨在记录事实、描述过程和现象，是一个获取外部信息和感知客体的过程。思考是人们对观察感知信息进一步加工处理的理性认知过程，是对客观现实的概括性反映。从关联上看，二者统一于创业者从感性上升到理性的认识过程。

1. 创业观察是思考的实践基础

在科学认识领域，著名生理学家巴甫洛夫在他的实验大楼上写着"观察、观察、再观察"的警句，他认为不学会观察就永远当不了科学家。历史上很多著名的科学家都十分重视观察，甚至有的科学家把观察这个感觉工具比作神通广大的仙杖。在大学生创业中，观察是创业者获取创业信息、深化对创业活动认识的一种重要手段。

第一，观察是创业者进行理性思考的实践基础。马克思主义认识论认为，实践是认识的重要来源和动力，也是认识的起点和归宿。在大学生创业中，观察作为创业者最基本的实践活动的一种方式，是创业者获得感性认识的重要来源。由此可以认为，大学生创业及其对创业的认识是从观察开始的。通过观察可以获取来自实践的各种创业信息，为创业者进一步深入思考和研判提供实践基础。

第二，观察是创业者获得感性材料的重要来源。观察是人们感性认识的一种最直接最基本的方法和手段。在大学生创业中，创业者凭借观察来了解创业不同方面、不同环节的各种现象，从记录和描述中获取各种有价值的信息，为感性认识积累丰富的经验材料。研究表明，观察是通过创业者的感官获取外部信息，经过大脑对信息的加工处理获取创业感性认识的基本途径，也是创业者深化对创业认识和思考的逻辑起点。

2. 创业思考是对创业观察的认识深化

心理学家认为，人的思考同观察一样，也是一种具有目的性的心理活动。所谓有目的是指只有在我们的控制下产生的心理活动才是思考。创业者在观察基础上所进行的思考，是有目的性又有调节控制的心理活动，它有助于创业者对创业诸多问题的思考和认识的深化。

第一，创业思考是对观察信息加工处理的过程。创业观察力是大学生创业者智力活动的源泉，也是获取创业过程感性材料的重要途径。创业观察的思考是对观察结果和收集的资料进行加工处理的过程，同时也是对观察对象感性认识的过程。但由于观察是实现认识的一种手段，如果创业者在观察中先入为主或出现假象错觉，就会导致主观性错误。所以，对观察获得信息进行加工处理的过程，也是一个去伪存真的感性认识过程，由此揭示出观察与思考的内在联系及其思考在观察中的重要作用。

第二，创业观察是对观察对象认识的深化过程。观察与思考是大学生创业主动实践、积累经验、提高认识的过程。其中观察是深化对创业活动本质规律认识的重要基础，思考是探寻创业活动规律、对考察对象认识的不断深化。我国明朝科学家徐霞客历经34年的旅行考察，收集了大量的地理地貌材料，经过分析、研究完成了《徐霞客游记》一书，对我国地理地貌学研究做出了重要贡献。它表明，科学理论是建立在观察基础上的，但仅有观察，没有理论思考和认识的深化，也难以建立起科学理论。爱因斯坦曾把他取得的巨大成就归结为"十年沉思的结果"。大学生创业的过程，既离不开观察，更离不开思考，观察使创业者获得感性材料，思考使创业者对创业活动的感性认识得以深化，是心智得以升华的重要方式。

第二节　大学生创业观察与思考习惯

在大学生的创业过程中，创业者只有通过对市场的观察与思考，才能准确把握市场变化，主动识变，积极应变。观察力和思考力是大学生创业的两种重要能力，创业者是否善于观察、是否善于思考，对创业成败都会产生重要的影响。

一、潜心观察的感性认知

大学生创业观察作为有目的的心理活动，与创业者的意志力有着较为密切的联系。创业者在进行创业观察时，不能走马观花，而是需要集中精力、潜心观察，主动克服观察中的各种障碍和困难，才能从中获取有价值的信息。可见，观察力是创业者应该具备的基本能力，潜心观察是创业者重要的心理品质。但凡成功的创业者，不仅具有发达的观察力，而且具有潜心观察的意志品质。

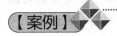【案例】

陶立群的蛋糕店

2006 年 6 月，陶立群从浙江大学城市学院工商管理专业毕业，决定开个蛋糕店。他有这个决定是因为在大学期间已有准备——那时候，他白天顶着烈日逛绍兴市区大大小小的蛋糕店，看门道、想问题，晚上则躲在房间里查资料，了解市场行情。他还跑到杭州、上海等大城市做蛋糕市场的调查，并进行可行性分析。陶立群通过对市场进行调查可以观察到市场上蛋糕店存在的不足，只有对市场进行全面观察与分析思考，才能确定蛋糕店的经营形式与模式。绍兴当时只有两家知名品牌蛋糕店，一个是亚都，一个是元祖，其余的都是本地小蛋糕店，中高档品牌蛋糕市场相对空缺，而且当时绍兴还没有现烤现卖的蛋糕店。陶立群的创业梦想定位在打造本地中高档蛋糕品牌上。2 个多月后，经过对市场的观察与思考，最终形成了《新天烘焙蛋糕店可行性策划书》。陶立群的第一家"新天烘焙蛋糕店"于 2006 年年底在绍兴市新建北路 5 号正式开业。他将店面分成两部分：前半部分是自选式的透明橱窗，便于顾客自行挑选；后半部分则用来加工糕点，现做现卖。优质的用料、独特的口味、细心周全温暖的服务，赢得了消费者的喜爱。

（案例来源：根据《出校门两年，开蛋糕店 5 家》改编，浙江日报 2008 年 11 月 http://zjrb.zjol.com.cn/html/2008-11/28/content_3704716.htm）

【案例分析】上述案例表明，大学生创业需要对所从事的行业进行深入的市场调查，通过观察了解市场行情，对所从事的行业做出准确的研判。陶立群在开蛋糕店之前，对市场进行了详细的调研，通过对不同类型蛋糕店的观察，获取资料信息，形成自己的创业策划书。创业策划书是对市场进行观察与思考的结晶，也是他对创业做出研判的重要依据。

第一，市场调查就是运用观察等手段，了解创业行业的经营环境、市场潜力和消费需求的状况。其中对市场的观察应该是全面的而不是零碎的，是系统的而不是残缺的，只有这样才能通过观察，获取有价值的信息和材料，为创业制订可行性规划提供充分而详尽的感性材料。陶立群创业的策划书，就是基于对市场潜心观察而形成的。这表明，观察是获取对市场把握的基本手段，也是进一步进行理性思考对市场做出正确研判的基础。

第二，大学生创业应具备一定的观察能力。经验表明，观察是创业者对市场获取感性认识的基本环节，创业者进入市场的第一步就是观察，没有观察就没有接下来对市场的思考和研判。可见，观察是创业者获取市场感性认识不可或缺的基本环节，同时也是深化对市场认识的重要前提。大学生创业既要重视对创业经验的积累，又要提高自身的观察能力。

二、观察思考，觅得商机

在大学生创业中，觅得商机是对创业者开启创业之门的重要一环。在创业者发现创业商机的过程中，既离不开对市场的观察，也离不开对市场的思考。观察是获取市场感性认识的过程，思考是在观察基础上对感性材料进行加工处理的过程。研究表明，创业者只有把观察与思考有机结合起来，才有助于通过对市场的观察和周密性思考，觅得商机。

【案例】

林薇——左利手的专卖店

在我国，左利手至少有 8000 万人！而我们的生活用品都是根据右手习惯来设计的，所以对生活在"右手世界"里的左利手们时常感觉到不便。一位"北漂"打工妹林薇经过观察与思考洞察到了这块市场的空白。20 岁的林薇中专刚毕业，就从宁夏固原县农村孤身来京投奔一位在中关村打工的同乡。找工作屡屡受挫后，林薇不得已接受了一份月薪 800 元的差事——在西城区一家外资服装公司当清洁工。一天，林薇无意中观察到公司的两位白领女性在吐槽生活工作中左利手的种种不适。经过一番调查与思考，林薇决定离开那家公司，尝试着自己去创业。林薇把自己想在京城开家左利手商店的想法向老乡讲出后，他们纷纷表示这是个绝妙的创意。他们都是中关村的 IT 员工，月薪丰厚，并愿意投资入股。就这样，林薇筹到了 8 万元钱。有了本钱，林薇到网上去查左利手用品。她发现国外左利手用品虽好但价格较贵，这恰恰是左利手用品市场的空缺点，随后"左利手专卖店"诞生了。

出乎意料的是，"左利手专卖店"这个店名一打出来，立刻就引起了轰动，小店的生意异常火爆。这一切都可以归功于观察思考所觅得的商机。

（案例来源：根据爱学术，农家科技中的事例改编，https://www.ixueshu.com/document/ee3f5d1acb12b91a1b39407087fdb31b318947a18e7f9386.html）

【案例分析】上述案例表明：思考是在观察的独特性与逆向性中体现价值的。林薇把冷门小生意做成豪门大生意，在于她善于观察，用发现的眼睛找准了左利手用品的这一个细分市场，找到另辟蹊径的新商机。在市场中，不乏这样一些未被人们发现或认准的市场，虽然冷门，但是把它集中起来，是足够支撑一个到几个品牌生存的。这样的创业项目一旦运作起来，短期内不会遭受到巨大的竞争压力，可以充分利用前期的市场空白吸金，等到市场火热的时候，已经有了足够的底气来抵挡其他品牌的竞争。

第一，偏门冷门项目是观察思考独到性的价值体现。当下创业开店，门槛低的店面大同小异，基本上人人都会，没有优势可言，而冷门行业在技术和模式上多了一些隐蔽性，不容易被人们发现或模仿，但如果在尚未开放的市场中找到商机，就需要创业者对创业市场有独到的观察和思考能力。

第二，观察与思考能寻求到无可替代的市场价值。无论什么时候，只要创业者能在纷繁复杂的市场中察觉到其他人无法替代的东西，或者提供其他人无法提供的服务，那么你就有立足于市场的主导地位。林薇的创业就是一个典型的找偏门下手的案例，集中零散客户的需求，打造自己的核心优势和竞争力，这不得不说是善于观察和思考的能力创造的奇迹。

三、善于思考、推己及人

在大学生创业中，良好的思考习惯是由善于思考而形成的。在大学生创业初期，如果说拙劣的思考无益对市场做出正确的研判，那么良好的思考习惯对创业者而言，就是必须具备的品质。所以，善于观察生活，善于领悟生活，在生活中寻求创意，才能发现好的创业商机。因此，只有不断提高创业者善于观察与思考的能力，才能获得更具有价值的创业机会，才能使创业项目更具现实性。

车站无化妆品店，补妆太难

尤晓凤是一位爱美并对妆容有着较高要求的白领女士，无论日常还是上下班她总要保持优雅的妆容。2008 年的一天，公司派她到深圳出差，因为走得匆忙，她只带了几件换洗衣服。下车后直接去见客户，没想到客户是位挑剔的中年女性，目不转睛地看了她半天才说："你们公司是全国知名化妆品企业，员工的妆容和形象怎么如此不讲究？"尤晓凤一下意识到自己的妆容出了问题，连忙起身道歉，到洗手间洗脸。等她出来客户已经离开，并给她留了一张纸条："拥有干净整洁的妆容是敬业，哪怕你刚坐了一路的车，咱们以后再联络吧！"由于疏忽导致的订单失利，使她差点为此失业。痛定思痛，她领悟到，无论再怎么匆忙，都不能忽视自己的妆容。通过自己的遭遇，尤晓凤突然察觉到偌大的车站竟然连补妆店铺都没有，于是她心里有了在车站开化妆品店的想法，通过对车站的一番市场调查，发现她的想法确实属于空白市场。尽管她从未创过业，凭直觉她相信这是一个很好的创意，于是尤晓凤的"风行丽人"补妆店就诞生了，并在全城引起了不小的轰动。

（案例来源：根据搜狐新闻创业家故事改编 http://www.sohu.com/a/281079726_117373）

【案例分析】上述案例表明：创业者进入市场既离不开对市场的考察，也离不开对市场的分析思考。尤晓凤之所以在市场调查后发现一个空白的市场，是因为她养成了善于思考的习惯。比较而言，善于思考才能够产生更多更好的创业想法，从中发现更多的创业机会，因而对大学生创业有重要的启示。

第一，创业者应具备善于思考的能力。在大学生创业过程中，创业者的思考能力有高低之分，良好的思考习惯有助于开启创业者的心智、丰富创业者的想象力、增强创业者的智慧，而拙劣的创业者则无视自身的局限性和主观倾向性，对观察的结果任凭感觉做出研判，得出的结论往往与实际不符。所以，大学生创业者应养成善于思考的习惯，具备良好的思考能力。

第二，创业者应具备质疑思考的能力。创业者的思考过程，包括仔细观察、记忆、怀疑、想象、探究、解释、评价和判断等，因为真正准确地观察虽有可能，但又常常做不到。所以，质疑和探究就十分必要，经过对市场调查，在观察的基础上，经过反复论证和思考，才能对市场的把握做出相对合理的研判。尤晓凤正是在这一思考的前提下，推己及人发现了商机，最重要的是这个商机来自市场客户的需求。

第三节　大学生观察思考能力的提升

大学生创业者对市场的观察、分析和认知，应该是客观全面的。但是由于大学生创业者观察和思考能力尚存在不足，难以精准地把握市场，因此，提高创业者的观察与思考能力，就成为谋求创业成功不可缺失的一种能力，是提高创业成功率的一个重要方面。

一、大学生创业观察思考的不足

创业观察思考作为主体认识创业活动的一种手段，是大学生创业必备的一种基本能力。但从大学生的创业能力素质状况看，还存在以下几个问题。

1. 创业观察思考存在随意性

创业观察是有目的、按计划要求考察市场的一种活动。观察的目的性要求，决定了观察思考一定要有目标的指向性，是有计划有目的而非随意性的活动过程。提高大学生创业观察力，既要强化观察的目的性，又要规避观察的随意性。从总体上看，目前大学生由于感兴趣的兴奋点较多且易变，导致其对事物的观察存在熟视无睹、注意力不集中等问题，加之缺乏目的性引导和意志力的支配，在观察过程中往往出现观察有误或未观察到的现象。改变大学生观察过程的随意性，必须有意识地强化目的性，改变随意观察的不良习惯。

2. 创业观察思考存在主观性

创业观察客观性的核心要义，就是实事求是，不带主观偏见，如实反映客观事物。但从目前大学生观察能力的情况来看，主观偏向性依然是大学生创业观察能力的一个短板。主要表现为：观察凭主观先入为主，凭主观想象观察客体，习惯把观察局限在个人知识、经验、偏好和兴趣等方面，导致观察只能看到自己期望看到的东西，而对此之外的东西往往视而不见，其结果必然陷入主观臆想，难以客观反映事物的真相。正如贝尔纳指出的：过于相信自己的理想或设想的人不仅不适于做出新的发现，还会做很坏的观察。所以，要想在观察中排除先入为主的主观干扰，就必须坚持客观性原则。

3. 创业观察思考存在片面性

观察是认识事物的起点，也是获取感性材料的基本环节。要使创业观察全面翔实地记录观察事实，就必须观察事物的一切方面和一切联系，力求观察的客观性和全面性。一些创业者对各种事物认识不足，对事物往往缺乏详细、认真、全面的观察，导致片面或错误的判断。贝弗里奇在《科学研究的艺术》一书中讲到，曼彻斯特有位医生，他在指导学生教学中，用手指着糖尿病人的尿样尝了一下，然后要求全体学生重复他做的动作。学生们勉强照着做了一遍，并一致同意尿是甜的。这时医生笑着说："我这样做是为了教育你们观察细节的重要性。如果你们看得仔细，就会注意到我伸进尿样里的是拇指，舔的却是食指。"由此说明，要得到观察的信息，必须克服片面观察的不良习惯。

二、提高大学生观察思考的能力

观察与思考是大学生从事创业实践活动的基本能力，创业者面对市场环境的变化需要敏锐的观察力与思考力。俗话说：谁先甄别商机，谁就占领了市场，观察与思考是发现商机的重要方式。增强大学生创业观察和思考的能力，可从以下方面做出努力。

1. 养成良好观察的习惯

观察是人们主观认识见之于客观的基本途径，也是获取事物感性认识的基本方法，具有良好观察习惯的创业者，可能会在创业中发现更多的创业契机。良好观察习惯的养成，一是有计划有目的地观察。人的活动具有主观的目的性和计划性，观察什么、为什么观察、通过哪些方式进行观察，都是有目的有计划地进行的，它既是发挥创业者主观能动性的重要体现，又是提高创业者观察能力的有效途径。二是重要对象重复观察。观察的实质是看到别人看不到的现象、发现别人发现不了的问题。它具有特殊性和异常性的特点，这就需要创业者对那些特别异常的现象和问题进行反复观察，力求观察所获取的信息具有真实性。三是随时记录观察。俗话说："好记性比不上烂笔头。"创业者在观察中看到的、听到的、想到的，只要有意义都要记录下来，不要放过任何一个细节，对创业过程留有深刻印象的东西，随时记录，随时总结，进而为创业者把握市场变化提供数据和信息支持。

2. 提高科学观察的能力

只有不断地仔细观察，才能透过现象看到本质，才能彻底地把不懂的事情搞清楚。要提高创业者的观察能力，一是提高敏锐性，观察的敏锐性指迅速且善于发现易被忽略的信息。研究发现，通过培养自身的兴趣点，同时又不满足于已有的兴趣来观察对象，才有助于提高观察的敏锐性。二是提高准确性，观察的准确性是把目光聚焦到特定的目标或问题上，认真考察对象，以确保获取的信息真实有效。只有把观察的对象聚焦在事物的主要方面，才能抓住其内在的本质特征。三是提高全面性，全面观察就是对事物观察不能顾此失彼，这就需要创业者掌握全面观察的方法，从上到下、从左到右、从前到后、从整体到部分、从动态到静态来观察对象，如果只看到一个部分就贸然下结论，那肯定会犯"盲人摸象"的错误。四是方法性，学习和掌握观察方法，从方法的应用与操作技术出发，根据相关原则，按照程序依次展开。具体操作过程如图 5-1 所示。

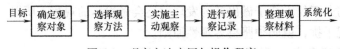

图 5-1　观察方法应用与操作程序

图 5-1 表明，对市场进行考察，是在细微观察中得到意外的发现。要做到这一点，既需要在创业实践中提高观察能力，还需要掌握观察方法和操作技巧，只有这样，才能提高观察功效。

3. 培养观察思考的能力

在现实生活学习中，创业活动很多时候不是一次性就能完成的，需要持续性的观察和深入思考。由此出发，培养大学生创业的观察思考能力，既要注重即时性观察思考能力的培养，又要注重后继性观察思考能力的培养。

第一，观察思考能力的条件性分析。在创业过程中，创业者除了要掌握科学观察的方法、原则之外，还需要掌握观察过程的条件性分析。因为任何观察，无论直接观察还是间接观察，定量观察还是定性观察，都是在一定的条件下进行的，不同的观察条件、时间、地点其观察结果是具有差异的。其中，条件分析的要点：一是观察条件要与观察目的相一致，这是实现有目的观察思考的必备条件；二是观察不是消极视觉查看，而是一种积极主动的思考探究的过程，提高大学生条件分析能力，有助于从根本上提高大学生的观察思考能力。

第二，观察思考对象的特殊性。在大学生创业过程中，要提升大学生的观察思考能力，一定要注重选择具有特殊性的观察对象，不仅可以突出观察的重点，而且可以最大限度减少次要因素的影响，使观察结果更趋精准。从特殊性视角选择观察对象，一是要简明，这有利于操作；二是要有代表性，这有利于从特殊到一般去把握认识对象；三是减少环境对观察思考过程的干扰。只有注意观察中的细节问题，才能提高观察思考能力。

第三，对观察的批判性思考。有关学者把思考的心理活动分为思考产生和思考判断两个阶段，并认为，在解决问题和制订决策的时候两个阶段互为补充。

在思考产生阶段，积极主动的创业者都能够在观察的基础上产生更多好的想法，并在思考过程中不断激发产生各种想法的创造性技巧。在思考判断阶段，积极主动的创业者都会谨慎地验证自己的想法，在批判性思考下找出问题或局限，不断加以改进，使好的想法能够更好，让合理的见解更合理。所以，对创业者来说，不仅要提高创造性思考能力，而且更重要的是要提高批判性思考能力，这就是爱因斯坦所倡导的"发展独立思考和独立判断的能力，应当始终放在首位"。

第四，对待观察的辩证性思考。在观察思考中，虽然有目的、有计划地观察和思考，但由于观察受外部环境的影响，在观察思考过程中时常会出现出乎意料的新情况。对于缺乏观察思考能力的人而言，可能会把它看作新的干扰；而对具有超强观察思考能力的人而言，则会把它看作机遇。提高观察的辩证性思考，有助于更全面地把握对象。

观察是获取感性认识的重要来源，也是为了进一步思考，思考是为了研判观察是否真实，也是对问题认识的智慧升华。只要创业者坚持"观察、观察、再观察"的认识方式，养成深度思考问题的习惯，才能在积累中促进创业者观察思考能力的提升。

第六章

大学生创业的想象与现实

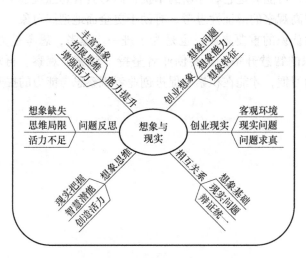

　　想象在大学生创业中也是经常使用的一种思维方式，它是在已有材料及其认知基础上创造出新形象的思维过程。创业者的想象源于创业生动实践的思考，它对于创业者了解考察对象、探求新的未知具有重要作用。想象力作为创业者的一种思考能力，对于提高创业成功率具有重要的意义。

第一节　大学生创业现实与想象力

　　大学生创业既是一个实践过程，又是一个认知过程。所谓认知是对现实进行思考的求识过程，思考是有助于阐述或解决问题、制订决策、满足或了解欲望的一种心理活动。思考包括观察、记忆、怀疑、想象等。对现实的思考需要有丰富的想象力，同时又要切合实际。

一、大学生创业的想象力

　　大学生创业是发现和解决问题的过程，需要借助创业者丰富的想象力来加以解决。创业者丰富的想象力是大脑特有的一种机能，也是创新创业中极其重要的一种能力。

1. 大学生创业想象的内涵

想象是大脑的一种机能，是大脑的一种思维活动。实际上，大学生在创业中面临各种风险挑战时，总会身不由己地赋予问题分析和解决的各种想象。所谓想象，在大脑思维上是指对原有事物形象或知识进行重组、修正、改造和创新的思维过程。想象不是盲目幻想或空想，也不等同于联想，它比联想更丰富，当想象呈现创造性特征时，就会产生具有创造性的成果。大学生创业面对各种复杂情况，需要有丰富的想象空间和创造性的想象力。

2. 大学生创业想象与想象力

所谓想象力即想象能力，是指人们在分析和解决问题过程中，大脑持续产生创造性思考和充分想象的能力。想象力就像一点发出的射线，发出的射线越多，意味着想象力越丰富。

大学生创业应对各种问题和挑战，需要有丰富的想象力。在这一过程中，产生大量的想法是产生有创意解决方案的第一个办法，但不是唯一办法。另一个重要办法是激发想象力。创业者的想象力和如何激发创业者的想象力，对解决创业面临的各种问题是至关重要的。正如牛顿指出的：没有大胆的猜想，就没有伟大的发现。对此，爱因斯坦也有一个精彩的表述：我相信想象力……想象力比知识更重要。当年，爱因斯坦正是凭借自己丰富的想象力，从一个人骑着一束光去追另外一束光将会发生什么的想象，发现了"光速不变原理"。这一典型案例对创业者正确认识想象力有着重要启示。

3. 大学生创业想象力的特征

大学生的创业想象力是介乎于想象和现实之间的一种能力，它能够通过创业这一介质沟通想象和现实。通常，大学生创业的想象力主要具有以下特征。

第一，想象的超常性。指大学生在创业实践中，超越感官，经过新的组合而创造出新形象、新事物的心理过程。其特点在于超越既有的思维惯性，打破原有的思维定式，从批判性思维出发来丰富想象力。例如，王叁寿从创办中国第一家 IPO 咨询机构到中国最早的大数据公司，再到成立全球第一家大数据交易中心——贵阳大数据交易所，之所以他能取得创业成功和非凡的业绩，在于他具有超常性的想象能力，他认为创业的最高境界就是"无中生有"不畏惧，做行业的第一人，这就需要经验积累和精准的市场判断。所以，在大学生创业中，只有敢于打破常规，才能够提高批判性思维能力和超常想象力，以独特的眼光、头脑和自我超越的方式来丰富想象力。

第二，想象的广阔性。诗人雪莱说：想象是创造力。广阔的想象是一切事物成功发展的源泉，古今中外的大文学家，无一不是凭借着广阔的想象做出了卓越的创造。例如，《马可·波罗游记》之所以被称为"世界一大奇书"，不仅在于其描述了马可·波罗游历中国及亚洲各国的实践经历，还在于书中展现的广阔想象力。还有中国著名的地理学家徐霞客撰写的《徐霞客游记》，被称为系统考察中国地貌地质的开山之作，书中以优美的文字对中国大好河山、风景资源的描绘，内含着广阔的想象力，使这部游记在地理学和文学史上都有着重要的价值。同样，想象的广阔性对于提高创业者的想象力是至关重要的。如果大学生在创业中，只有一个思路，一个视角，盯住一个地方兜圈子，没有广阔的想象和思路，那么创新创业也就不可能取得成功。

第三，想象具有目的性。想象绝不是毫无目的的凭空乱想，而是围绕一定的中心任务，按照解决问题的要求展开的。大学生创业想象要具有一定的目的性，具体表现为有计划、有准备、有选择、有步骤等，始终有一条思考的线牵引着。创业想象之所以能够突破时间和空间的束缚，达到"思接千载""神通万里"的境域，这都是由想象的目的性所决定的。大学生的创业想象力需有一定的目的，并围绕目的寻找创业的新方法、新思路，创造出新事物的思维过程。只有有目的地进行想象，才能实现大学生成功创业的可能。

二、大学生创业的客观现实

大学生创业成功的案例表明，创业费时且艰辛，也是对能力及其创造力的挑战。其中，有一条不可违背的规律就是创业者必须从创业场域的现实出发。从现实出发，就是一切从实际出发，认识大学生创业所面临的现实问题。

1. 创业的客观环境

大学生选择创业，便进入了高度不确定、充满市场挑战的职业活动。与大学生就业相比，创业活动的生态环境更为复杂。在创业生态环境不可改变的情境下，唯一可以改变的就是创业者自身的环境适应能力。因为大学生创业大多属于机会性创业，只有积极地识变、主动地应变、大胆地求变，才能充分发挥自己的想象力和创造力。根据相关数据研究，大学生创业与就业在生存和发展上差异较大，且对创业者的环境适应能力提出了更高的要求，大学生创业与就业差异化比较见表6-1。

表6-1　大学生创业与就业差异化比较

比较难度	创业	就业
驱动主体	自我驱动	组织驱动
生存环境	复杂	简单
职业风险	很高	较低
工作压力	很大	较小
自主权利	大	小
职业角色	多元	单一
能力要求	强	较弱

表6-1显示，创业与就业之间在能力素质要求上存在的差异，对大学生创业问题的解决能力提出新的挑战，同时也为创业者在问题解决中丰富个人的想象力提供了更大的想象空间。

2. 创业的现实问题

大学生创业是接连不断发现问题和解决问题的过程。已有的创业实践表明，大学生创业不仅要适应环境求得发展，而且还要在兼顾理想与现实的创业目标下，知道创业的市场在哪里，创业的风险有多大，创业的资源有多少，创业的策略是什么，所有这些都需要创业者具有强烈的问题意识，以及分析问题和解决问题的想象力和创造力。吉利集团创始人李书福讲：我要造就造让中国老百姓都买得起的汽车。这既是李书福创业的理想，也内含着对中国汽车市场现实的把握。这种把握需要开发创新团队拥有丰富的想象力去克服一个又一个技术难题，攻破一个又一个发展难关，在创新中铸就吉利集团的辉煌。

3. 创业的问题求真

大学生创业是主观见之于客观的主体活动，也是创业者的主观想象与客观现实谋求统一的过程。其中，主观见之于客观，强调一切要从现实出发，对创业面临的各种问题不能得过且过，而是实事求是地加以分析和解决。对创业问题的求真，就是从事物的本来面目出发去加以分析和研究，既要勤于思考，又要善于想象，但从根本上讲，无论是思考还是想象，归根到底都是为了追求问题求真，从而使问题得到有效解决。研究发现，人们产生的想法越多，出现一个或更多个好想法的可能性就越大，在这一过程中，丰富的想象力是不可缺少的，而最终好的想法是把相对不好的或脱离现实的想法淘汰之后形成的。

三、创业想象与现实的关系

大学生创业的想象来自现实又回归现实。爱因斯坦之所以认为想象比知识重要，在于想象是大脑思维的活力所在。但任何想象都不能脱离现实，它作为客观存在的反映，谋求的是想象与现实的辩证统一。

1. 基于创业现实基础的想象

想象尤其是想象力，是孕育在大脑中的一种智慧潜能，它在大学生创新创业领域中，是推动创新创业的一种特殊创造力。例如，在大学生创业中，对产品的设计与创新、对商机的发现与利用、对风险的识别与控制、对策略的规划与决策、对资源的链接与配置、对管理的优化与设计等，时常会碰到难以逾越的瓶颈和难以克服的难题。创业者在分析和解决这些问题时，如果墨守成规、缺乏想象，往往会导致对问题原因的分析产生障碍，使问题难以解决。反之，如果创业者能够打破常规、借助于丰富的想象力和创造性思维，就会深化对问题本质的认识，对症下药使问题迎刃而解。当然，大学生创业中创业者的想象及其想象力，是以创业现实为基础的思考，脱离这一现实任何想象都会失去意义。

2. 基于丰富想象的现实提升

相关研究表明，大学生创业的实践经历在很大程度上决定着他对创业行业的选择；大学生创业的实践经验决定着创业者对创业机会的把握和创业风险的判断；大学生的实践能力在很大程度上决定着创业者的实际创业运作水平和能力。可见，大学生创业的实践创新、实践水平和实践能力，是大学生创业走向成功最现实的基础。但是，大学生创业基于实践又不能单纯地满足于实践经验。科学研究表明，对实践经验的理论提升有助于在理论与实践的结合上提高大学生的创业成功率。因为在创业过程中，创业者面临的各种风险和挑战、发展存在的各种瓶颈和问题的思考，是基于实践、源于问题的提出，分析和解决创业中的各种问题需要凭借创业者丰富的想象力，从中找出问题解决的有效途径和方法，所以，创业实践经验的理论提升及创业过程的问题解决，离不开创业者的丰富想象和创造性思维。

3. 创业想象与现实的辩证关系

在大学生创业中，无论是创业想象基于创业现实，还是创业现实激发创业者的丰富想象，在二者的双向互动中揭示了创业现实与创业想象辩证统一的关系。音乐家莫可里在尼罗河边散步时，踢到一个东西并发出悦耳的声响，他惊奇地拾起来一看竟然是一个乌龟壳。他回家后对这个可以发出悦耳声响的乌龟壳反复思索，根据各种想象进行实验，最终发现了壳内空气振动发出悦耳声响的原理，并根据这一原理创造出了世界上第一把小提琴。

上述案例说明，客观现实是莫可里在河边捡到一个乌龟壳，问题是这个乌龟壳为什么会发出悦耳的声音，想象揭示了其中的奥秘，同时又回到现实，联想到乐器，制造出世界上第一把小提琴。可见，任何发明创造都离不开基于现实的思考和丰富的想象。在大学生创业中，正确处理创业现实与想象的关系，是实现创业成功不可或缺的实在要素。

第二节　大学生创业想象与想象思维

在大学生创业中，无论是守正创新引领创业，还是着力打造核心意识、核心专长、核心竞争力参与市场竞争，都离不开想象的支撑。只有不断拓展想象和想象思维，才能使创业活动更加多元、发展空间更大。

一、丰富想象的现实把握

在大学生创业中，创业者丰富的想象力不是凭空产生的，它源于创业实践，始于创业问题的提出。但是若这种想象脱离了现实，结局远没有曾经想象的美好。因此，丰富的创业想象需要在现实中把握。

【案例】　　　　　　　　　　江剑超"绿色地球"的点子

江剑超是"绿色地球"的 CEO，他创建的这家公司是专业从事城市垃圾回收及资源化的企业。这一具有想象力的创业点子，源于他对生活现实的思考。

江剑超大学毕业后进入微软北京公司工作，第一次出差到美国他就发现城市的街道很干净，之后发现美国街道的垃圾分类做得好。回家后他便开始关注国内的垃圾处理问题，他发现国内城市垃圾可回收再利用可达到45%，但实际只有15%的高价值废物被回收。基于这一现实，他创建了"绿色地球"公司。随后公司与成都市政府签订了服务条约，由公司负责推广实行垃圾分类，节约下来的垃圾处理成本就是公司的服务费。

在这一过程中，江剑超跑遍各小区进行试点推广，也碰到一个又一个难题。经过几年努力，公司将收集的垃圾中再生资源作为原料销售给传统企业进行再利用，而节约下来的可观的垃圾成本变成了公司的收益。

（案例来源：根据宝谷《用什么办法让中国人对垃圾做分类》改编，《中外管理》，2017年第1期）

【案例分析】关于垃圾分类，目前北京、上海等各大城市都在实施推行中。江剑超在此之前所创建的"绿色地球"的点子，既高尚环保，又利于公司利益。而这个具有想象力的点子完全是来自对现实的充分把握。它对今天大学生创业想象力的提升有以下启示。

第一，创业的想象力源于对现实的把握。江剑超创建"绿色地球"的成功实践表明，好的创业点子既离不开丰富的想象力，也离不开对当前主流发展趋势的把握。也就是说创业者的想象源于现实，更不可能脱离现实的需要，否则再好的创业点子也会功亏一篑。所以，丰富大学生创业的想象力，任何想象、思考一定要从实际出发，从需求导向出发。

第二，创业的想象力要具有现实的创新性。大学生创业的想象源于现实，又赋予现实思考的创新性。江剑超对城市垃圾分类和可再回收项目的思考，是以问题为导向，运用大脑丰富的想象力碰撞出来的创意，涉及生态环境保护、废物利用、城市垃圾治理、居民宜居、公司收益等诸多因素，是经过多因素关联分析形成的综合创新的结晶，因而在实际运作过程中可以获得令人满意的收益。

二、超越想象获取真实

想象是源于对现实的思考，从现实中引发对未来的预见。对未知事物的想象是创业者的基本能力。大学生在创业过程中，只有通过大胆而又合乎现实的想象，积极的实践和探索，才能超越自身，获取创业认知中新的领悟，看到现实背后的商机。

【案例】 黄拓与其团队的私人飞机网

这是 5 个 20 岁出头的小伙子做私人飞机网的故事。2 个刚毕业，3 个还是浙江经贸职业技术学院的在校学生，这 5 个小伙子的专业和飞机没有一点关联，却把创业项目放在了私人飞机领域。他们认为，10 年前，谁能想象到现在的汽车这么普及，那为什么不能相信，以后私人飞机也会火。他们的想象不是心血来潮，而是经过市场调研，与专业人士进行多次研讨，又经过几个月相关知识充电之后，才坚定不移地把目光锁定在飞机领域。此外，黄拓查阅了相关政策，国家将要逐步开放低空领域，发现这几乎是一片空白领域，直觉告诉他，这是个创业机会。通过互联网搭好平台，把和私人飞机有关的一切都串起来，形成产业链，最终他们建立了 365 私人飞机网。上面有 200 多个型号的飞机、44 个品牌，全是高清图片，一张张从国外网站搜集来的，分类清清楚楚。几个月下来，只要说起飞机，他们个个都说得头头是道，半年时间已闯出不小名声。

（案例来源：根据搜狐低空飞行观察《创业卖起私人飞机？他们要做通用航空业的阿里巴巴》改编 https://www.sohu.com/a/259292747_472861）

【案例分析】黄拓的成功告诉我们：要想创造一个空白的市场，必须放弃原有的规则和观念，大胆地想象与尝试。反过来，也只有放弃原有的规则和观念，创业想象才有转化为现实的可能，否则就会成为原有规则和市场格局的牺牲品。

第一，凭借想象获取真实。大学生创业敢想敢做、敢闯会创，才能想象回归真实。黄拓团队的创业想象源于对潮流的引领，他们并没有相应的专业基础，但由于敢想且敢于超越自身。创业光有想象远远不够，还要结合市场环境，充分了解市场和用户需求，让想象产生的好点子回归市场，才能体现想象的实践价值。同时，这一过程也是一种超越想象获取真实创业价值的体现。

第二，让好的想法更好。大学生创业要富有想象，目的在于解决创业过程中技术创新、新产品开发等一系列需要解决的问题，为此需要对原有的想法不断改进。通常，对于好的想法进行改进包含三个步骤：制订解决办法的细节，找出缺点和新问题进行改进。创业实践表明，创业过程中许多好想法的产生不仅在于能够提出好的想法，而且能够找出好想法存在的不足和缺陷，通过消除这些不足和缺陷使好的想法更好，然后把它付诸实践，使之产生更好的创业成效。

三、呈现想象的现实活力

大学生创业的想象力源于实践和问题的提出，是在分析问题和解决问题的基础上，所进行的一种创造性思考。

【案例】 .... 周其仁：想法是"生产力"

这是北京大学国家发展研究院在 2014 年举办的"第一届国家发展论坛"上，周其仁教授演讲时讲到的一个案例。

在国外，有一家企业在研发时发明了一款与众不同的"眼睛"。这款"眼睛"不是给视力正常的人戴的，而是给看不见世界的盲人戴的电子"眼睛"。根据科学家的发现，人之所以能够看到外部世界的各种景物，并不是通过眼睛，人的双眼只是外部图像的一种接收器，而真正成像则在于人的大脑。盲人的眼睛看不见只是丧失了外部的图像接收功能，但是盲人大脑的成像机能并没有丧失，而是依然存在。根据这一原理，企业开始想象思考，有没有什么办法或别的器官可以代替人的眼睛将外部信息传入大脑呢？

经过丰富的想象和思考，研发人员最终发现，在人的舌头底下有一个非常敏感的区域。根据这一发现，研发人员在人的舌头底下夹一个电子器件，来代替眼睛接收外部图景的功能，盲人戴上这个"眼睛"就可以看见外部的世界了。

（案例来源：周其仁在北京大学国家发展研究院主办的"第一届国家发展论坛"上的演讲）

【案例分析】 周其仁教授提供的这个案例，名为"用原理实现新技术"。有经济学家认为，新技术是针对现有问题，采用一个新的、与众不同的原理来实现的技术。对周其仁教授提出的想法是"生产力"，用原理实现新技术的观点进一步分析，不难发现，其中内含着研发人员围绕新产品开发的丰富想象和思考，由此形成的具有想象力的众多想法，能够产生巨大的商业奇迹。

第一，任何创新都需要有丰富的想象力。在大学生创业中，无论是新产品的开发，还是技术、管理创新，要想创造商业奇迹，就要有想法、有丰富的想象力、有深层次的思考。因为围绕新产品开发，丰富的想象力是悟而生慧、聚智的过程，它可使大脑的思维兴奋、活跃起来，不断激发大学生创新。据来自海尔的数据统计显示，截至 2016 年上半年，在普通创客空间，孵化的项目中仅有 10% 获得了首轮融资，而在海尔的平台上，有 48% 的孵化项目都获得了首轮融资。究其原因就在于海尔在创客发展中以"人人创客"的理念为引领，通过人们丰富的想象力去创新、汇聚创意。

第二，问题的解决需要有与众不同的想法。已有研究表明，如果在创新过程中创业者的思考或想法越多，那么出现好想法的概率就越大。在分析问题和解决问题时，很多情况下，可能前 99 个想法由于本身价值不大甚至不会产生什么结果，但谁也说不准第 100 个想法可能会使问题迎刃而解。这表明，围绕问题解决的想法在数量和质量上存在一定的关系，可能越到后面想法产生越难，但价值可能更大。

第三节　大学生创业想象力的提升

想象有时是一个念头、一股冲劲，稍纵即逝，只有把它转化为实质性对应的事物，才能赋予其价值，否则想象就没有意义。而想象与现实转化的过程就是想象力的体现。在大学生创业中，大学生的想象力有限，因此加强和重视大学生认识现实与想象力的培养，是大学生创业成功的首要条件。

一、大学生创业想象力的缺失

想象力是人所特有的一种创造力，因为想象是人类大脑中孕育智慧潜能的超级矿藏。想象力能使思维充满创造活力。在大学生创业中，创业者既要提高对想象思维重要性的认识，又要补齐想象力不足的短板。目前，创业者在想象力上主要存在以下问题。

1. 对创业想象力的认识不足

在大学生创业中，无论是分析解决问题，还是发现新的商机和点子，都需要借助丰富的想象力产生新的想法、思路和创意。但从现实看，由于有些创业者对想象力在创业中的重要性认识不足，导致在创业中缺乏孕育新机会的能力。主要表现有：一是对创业中存在的问题想法不多，由于头脑缺乏问题意识，因而也难以形成以问题为导向的思考；二是对创业过程中出现的问题缺乏解决思路，凡事有思路才有出路，由于对问题解决缺乏想象，因而也难以从想象中找到解决问题的新思路和新方法；三是所提出的问题解决方案缺乏创意，创造性地解决创业中出现的问题需要超越一般的想象，由于想象力不足，也难以产生更多的想法，因而也难以优化选择出有创意的方案和方法。可见，对想象力在创业中的作用认识不足，就难以形成富有想象的习惯，所以也难以有想象力的提升。

2. 创业想象思维的缺失

大学生创业中对各种问题的思考和想象，在思维方式上具有再造性的特点。也就是说，人们对某个问题的思考，是对原有想象或知识进行重组，也可能是进行重新改造，无论是重组还是改造，都是创新思维的过程。当充分想象具有创造性想象时，就会产生创造性成果。但从大学生创业思维方式上看，缺乏想象思维还是一个比较突出的短板，主要表现在：一是对问题的思考缺乏充分的联想。创业者受既有思维的影响，思考相对单一，思维拓展受限，使问题的思考局限在特定空间，因而难以形成突破。二是对问题的思考缺乏充分的想象。想象具有发散思维的特点，由于缺乏充分的联想，在很大程度上限制了充分想象，也难以在充分联想基础上对有价值的联想成果进行重组或改造，在很大程度上制约了创新性想象成果的产生。可见，没有想象思维能力的提升，也难以产生创造性想象成果。

3. 创业想象创新能力不强

大学生创业中创业者的想象力，是对原有想象重组和再造的工具，是创业者攻坚克难特有的一种创造力。它立足于创业实践又面向问题的提出，基于创造性想象又终止于想象创造性成果，因而是大学生创业突破难点问题不可缺少的一种创新能力。大学生创业中创业者想象创新能力不强，主要表现在：一是缺乏创新性思考。对创业中产生的各种问题思考不深入、分析不透彻，因而对问题产生的原因把握不准，也难以对问题产生的因果关系做出正确的判断。二是缺乏创造性想象。由于对创业中产生的问题诊断不精准，难以使问题的解决对症下药，使创造性想象止于问题的想象，而难以对问题的分析解决进行深层次透视，导致问题解决的创意不多、创新性匮乏。可见，好的创造性创新成果，不仅内含丰富的想象，而且内含创新性元素和与众不同的创意，提高创业者想象创新能力，应从创新性要求出发。

二、丰富大学生创业想象力

爱因斯坦说：想象力比知识更重要。大学生对自身创新创业能力的提升，不能不重视创业者自身想象力的培养。因此，提升大学生想象力，需要从改变既有的观念和认知做起，从能力素质建设做起。

1. 丰富大学生创业的想象力

想象力并不是灵机一动就会产生的，尽管它是与生俱来的，但是丰富的想象力和知识储备有一定的正相关关系。一般我们想象的事物都是在自己知识素材里的延伸。那么大学生在创业想象力提升的过程中，一是要储备具有想象的知识。大学生要根据自己的专业，广泛地涉猎其他与专业相关或者相近的知识，建立起知识可迁移的基本素养，为提升自己的想象力奠定基础。二是要增强整合资源的能力。大学生要根据自己对社会资源和信息的需要寻找相应的方法，只要是合情合理地获取的信息都可以使用，为丰富想象力提供信息支持。三是要有丰富的阅历和人生体验。丰富的阅历和人生体验就是要求大学生闲暇之余多出去走走，接触不同生活中的事物，如具有不同风土人情的生活，不同自然风貌的地域；超市、菜市场，这些具有生活气息的地方；博物馆、艺术馆、科技馆，感受文化艺术的力量。按部就班是常态化的生活，丰富多彩才是大学生的世界。只有丰富的知识储备，才能丰富未来的自己，提升创新创造性，服务于社会。

在大学生创业中，任何具有创造力的思想和行为，都来自丰富的想象力。著名科学家牛顿认为，没有大胆的猜想，就没有伟大的发现。这也许正是牛顿当年看到了苹果落地激发出个人丰富的联想，而最终在想象中发现了万有引力定律的自我写照。有专家提出激发想象力的七个有效策略：一是强迫自己产生与众不同的想法；二是运用自由联想（自由联想是指由某个想法产生出另一个想法）；三是运用类比（类比是对比两个不相同事物的一个或多个相似之处）；四是寻找不同寻常的组合（以组合方式解决问题的思考）；五是想象问题已经解决（设想问题得到解决的情景）；六是列举正反两面的观点（处理争议问题）；七是构思相关的情况（不要轻易地把想法作为解法）。

2. 拓展大学生创业的想象思维

大学生创业想象思维的拓展需从以下几个方面着手：一是提升想象思维的广阔性。首先需要在日常生活中抽一定的时间天马行空，不加约束地想象。注重跨专业、跨领域、跨时空的嫁接，使思维发散，拓展想象空间。二是要增加课外阅读量，边阅读边想象。阅读是连续的、富有形象性和逻辑性意义的组合，可以促使大脑主动进行富有想象力的创造性思维。主持人张泉灵说过：让世界长大的最好方法是阅读。书里藏着别人的世界，你读懂了，你的世界就拓展了。因此，阅读是培养想象力的土壤。三是要训练想象思维。学会把想象在自己的脑海里图像化、影视化地展现出来，长期坚持训练，就会有一定的成效。比如：场景想象，冥想自己处于一个美好的场景，调用听觉、视觉多个器官，去体验场景；事件想象，回想一件记忆深刻的往事，仔细想想每一个细节，保持专注，体会自己的感受；概念想象，读完一本书以后，闭上眼睛，在脑海中想象书中所描述的场景，或者把自己当成作者，或主人翁，去想象体会他的感觉，以此练习，可以提升自己的想象能力。四是要有超常性和目的性的想象。人类的认识活动都具有超常性和目的性，并通过计划去实现认知。这些想象都体现了主观意识的超常性和目的性，历史上许多的发明创造，都是想象超常性和目的性的体现，没有想象的超常性和目的性，就没有人与社会的进步和发展。

3. 增强大学生创业的想象力

只要一谈到创造能力，很多人会感觉到很高深。其实创造并非是科学家、发明家的专利，在平常的生活中，同样时刻充满着创造。而且，即使是伟大的科学家与发明家，依然来自平凡的学习生活中。在创业中，会遇到许多的问题和困难，且用平常的方法是无法解决的。但是只要稍微动一下脑筋，发挥一下创造性，问题就会迎刃而解。那么如何增强大学生创业的想象力呢？一是要总结前人的经验与教训。任何一项创造都不是无水之源无本之木。如何学习前人的知识和智慧，对创造工作变得尤为重要，也正是如此，创造工作才可以少走弯路，才可以避免很多不必要的麻烦，前人的知识经验和教训是创造力产生的基础，我们可以站在巨人的肩膀上来看待问题、解决问题。二是注意发现和总结前人失败的创新经验。失败乃成功之母，这是谁都无法否认的，但是不能一味地失败，不去总结失败的原因，这对创业活动的开展没有任何帮助，通过前人失败的经验，可以发现很多问题，可以通过方法和途径成功解决创业中的问题。三是要学会借鉴和整合。借用别人的经验和成果，并不是说不需要努力，借鉴可以是思路、方法，也可以是产品，借鉴和整合并不是为了拿来而拿来，而是要借鉴别人好的东西来弥补自己的不足。

第七章

大学生创业的灵感与创新

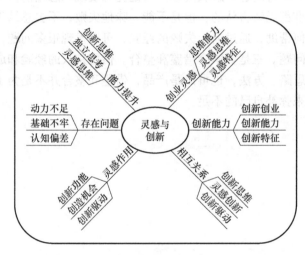

　　灵感作为一种创造性思维，是一种普遍的思维方法，也是创新者、创业者的一种极其重要的思维能力。著名科学家爱因斯坦曾直言不讳地讲："我相信直觉和灵感。"提高大学生创业的灵感创新能力，是提高大学生创业成功率的有效途径。

第一节　大学生创业过程与灵感创新

　　大学生创业的灵感是大脑思维的一种机能。创业过程中的灵感顿悟，是实现创新驱动发展的重要途径。在思维方式上不断深化对灵感创新内涵的认识，把握灵感与创新的内在逻辑关系，增强创业者灵感创新能力，对提高创业成功率具有重要的现实意义。

一、大学生创业的灵感思维

　　在思维科学看来，思维能力是人一切能力的核心，它被马克思看作"人的本质力量的公开展示"。大学生创业在思维能力上，既包含形象和逻辑思维，也包含灵感思维。一个成功的创业者必须具备突发奇想的灵感思维能力，才能够驾驭创业过程中面临的各种问题。

1. 创业者的灵感思维

创业者的灵感思维，是指在创业过程中对长期思考且仍然困扰的问题，受到某种联想或事物的启发，一时顿悟而使问题得到解决的思维过程。灵感思维是人脑的机能，是人脑对客观现实的反映。在灵感思维运用的过程中，需要创业者打破僵化、保守的思维习惯，围绕所需要解决的问题，借助于直觉、想象对信息进行变换组合，激发创造性灵感，进而找到解决问题的方法。例如，比尔·鲍尔曼吃妻子为他做的威化饼时产生了触动：为什么不按威化饼的花样做出一种跑鞋呢！于是，他拿着制作威化饼的铁锅开始琢磨起来，三天后，世界上第一双耐克鞋诞生了。

这一案例表明，多思最能产生大灵感、大创意。灵感来自苦思冥想，经外界激发，看似没有交集的两个事物，在思想火花的碰撞中撞出灵感来。具有灵感思维的创业者不仅善于用不同的眼光进行思考，而且善于借助直觉和想象进行创造性思考，只有多思才能产生灵感，成为具有创新性特质的创业者。

2. 灵感思维的特征

创业史上，许多创业成功者并不都是运用逻辑思维的结果，更多的是得益于非线性的灵感和顿悟。灵感思维作为创造性思维的一种方式，通常具有以下显著特征。

一是灵感产生的突发性。所谓突发性，是指人的灵感往往具有不期而至、突如其来的特点。顿悟什么时候产生，灵感什么时候出现，都是难以预先知道的，而灵感一旦到来时人的思路又如同泉涌高度活跃，甚至达到忘我的境界。很多大学生在创业过程中可能会遇到它，但很难捕捉到它。灵感通常是可遇不可求的，也就是说，人不能按主观需求和希望来获得灵感，只有善于思考，多思才是产生灵感的有效途径。

二是灵感产生的瞬息性。通常人脑中的灵感闪现和对事物的认识是一蹴而就的，思维一旦终止其过程也随之结束。因为灵感是人头脑中显意识与潜意识相互作用的结果，从灵感发生的状态上看，它是由于人的显意识对某个问题的长时间思考，由某个因素激发，经潜意识加工后通向显意识而产生灵感。所以，灵感的产生往往是非预测的、瞬息和突变的。例如，古希腊的阿基米德，在敌人的利剑逼到他眼前时，依然坚持要把他瞬间顿悟产生的数学公式写下来，否则就会稍纵即逝。

三是灵感产生的价值性。灵感区别于其他思维的重要特征，是它孕育在人的潜意识当中。有观点认为，这种潜意识在人脑中的活动范围和活跃程度有时比显意识还大，思维方式呈现的是非线性的，因而其本身又具有独创的价值性。例如，德国化学家凯库勒梦中发现蛇首尾相连形成环状，由此获得灵感而发现苯分子的结构。可见，灵感本身具有独特的价值。

二、大学生创业者的创新能力

创新是引领创业发展的第一动力，大学生创业面临着复杂的市场竞争，如果失去了创新的冲动和欲望，就难以在创业中有所作为。大学生创业活动的创新，是永恒的竞争力，是创业者必须具备的一种能力。

1. 大学生的创新能力

创新一词"innovation"，起源于拉丁语"innovare"，翻译为中文的意思是"更新、变革、制造新事物"。《现代汉语词典》中"创新"解释为"抛开旧的，创造新的"。可见，创新就是创造没有的东西，创新能力就是创造前所未有的东西所具有的能力。大学生创业者的创新能力，是在创业中开展创造性活动的能力。例如，在创业项目上提出的新思考、在产品开发上提出的新创意、在市场营销上提出的新模式、在企业管理上提出的新机制等，无疑都具有创新的属性和特质。在大学生创业过程中，创新能力是对问题的理解力、想象力、创造力综合应用能力的体现，是对探索新领域、发现新问题、提出新构想所进行的创造性活动及其能力素质的表征。创业实践表明，凡是成功的创业者，大都具有独特的创新思维能力。

2. 大学生创新能力的特征

创新可大可小，揭示一条规律是创新，提出一种学说是创新，阐明一个道理是创新，创造一种解决问题的办法是创新。根据对创新内涵及其创新能力的理解，大学生创新能力通常具有"新""奇""独""特"等特征。

"新"是指在继承基础上创造出原来所没有的新思想、新理论、新观点、新发明、新创造、新举措等。这里讲的所谓"新"，既无大小之分，也无领域之分。相对于常规思维而言，创新思维属于超常规思维，因而，创新思维更具有新意。

"奇"是指在大学生创业过程中，提出的新思路、新想法等，是来自创业者的奇思妙想，因与常规不同而奇。创新思维往往要借助批判精神的"破"，才会产生创新的"立"，有破有立才能出"奇"。

"独"是指创业者经过独立思考而形成的创新成果，其价值体现为独创，并具有自主产权的性质，可见，实现创新必须具有独立思考的能力。在这个意义上，创业者的创新，应像爱因斯坦提出的那样：发展独立思考和独立判断的能力，应当始终放在首位。

"特"是指通过创新所提出的创新性的创业目标、规划、方案等既与"奇""独""新"相关，又具有鲜明的个性特色和亮点。

三、创业灵感与创新的关系

在大学生创业中，创业者的灵感来自创业实践基础上的创造性思维。灵感思维所呈现的创造性，本身就具有创新性的特征。从这个意义上讲，灵感是实现创新的一种重要思维方式和表现形式，创新是催生灵感的根本动力和必要前提。

1. 灵感是持续创新的一种方式

灵感在创新过程中作为一种突发性的思维方式，是创业者在追求创新中，为解决问题、攻破难关，不断探索和思考，由众多信息建立起来的联系，经潜意识加工在孕育成熟时通向显意识，便形成灵感。从思维科学的视角分析，灵感同直觉、想象一样，都是创造性思维，也是创新思维的一种方式。在大学生创业过程中，创业者持续创新引领发展，除运用抽象思维对问题分析、推理、判断、解决之外，还需要借助直觉、想象、灵感等思维方式实现突破。所以，灵感是大学生创业在持续创新中不可缺少的重要思维方式，正如钱学森先生指出的：凡是有创造经验的同志都知道光靠形象思维和抽象思维是不能创造、不能实践、不能突破的，要创造要突破得有灵感。可见，灵感不仅是大学生创业实践的一种思维能力，也是推动创业过程持续创新的一种重要方式。

2. 创新是激发灵感思维的内在动力

创新可以说无处不在，它可以参与到任何领域的创造性活动中。大学生创业过程中，倡导用创新引领创业，创新是推动创业的根本动力，也是驱动创业者分析、解决问题和提高觉察力、直觉力、想象力的一种方式，更是灵感产生的动力源泉。大学生创业本身是一种具有创新性的实践活动，所谓用创新引领创业，就是通过创新驱动创业，促进创业高质量发展，提高创业成功率。从这个意义上说，创新是驱动创业者运用灵感等创造性思维攻克难关、解决难点问题的根本动力。从创新与灵感的关系上看，如果说灵感是创新的结果，那么创新就是激发灵感产生的内在动力。所以，在大学生创业中，强化创新意识、养成创新习惯、提高创新能力，有助激发创业者直觉、想象和灵感等创造性思维，产生更多的创新成果。

3. 创业灵感与创新的内在统一性

在大学生创业过程中，创新激发灵感，灵感促进创新，灵感与创新在创业中是相互促进的关系，二者在本质上具有内在的统一性，并贯穿于整个创业活动始终。大学生创业，新情况、新问题在市场变动中层出不穷，如果老是用已有的经验、办法不可能完全加以解决，这就需要创新提供新思路、新方法来加以解决。创新离不开创造性思维，创造性思维是产生新思路、新方法的一种重要思维能力。创新为创业者运用创新性思维进行创造性活动提供了可能，而灵感作为一种创造性思维存在于创新创业活动之中，由此揭示了灵感与创新的内在统一性。

第二节　大学生创业灵感与创新功能

在"大众创业，万众创新"的新时代，互联网+、智能化、大数据已经渗透到大学生创业领域的方方面面，使创新在创业中的作用更加重要。其中，创业需要创新来驱动，创新需要发挥灵感等创造性思维的作用。灵感是实现创新的重要方式，并具有重要的创新功能。

一、创业灵感的创新方式

在大学生创业过程中，创新中的"创"是指人的创造性或创造性的本领，"新"是指创造出来的新成果，可能是一项新发明、新技术、新产品，也可能是一种新市场、新事物、新方法、新模式等。同时，创业的灵感作为创新的重要方式，在其中发挥着重要作用。

【案例】　　　　　　　　　　　　**创意来源于解决痛点**

荷兰乌特勒支的火车站有一个奇特的现象：一身职业装、夹着公文包的男女，甚至还有到此游玩的外来游客都从滑梯上滑下。这种滑梯在荷兰是一种新型的交通设施，叫移动加速器，它是由一位名叫拉玛娜的女工程师设计出来的。一天，早上8点多钟，拉玛娜接到临时出差任务，当她提着行李到火车站楼梯口时，到处挤满了人，拉玛娜担心自己带着行李，下楼会更慢，火车眼看就要开了，情急之中，拉玛娜看到楼梯两旁是方便自行车上下推行的斜坡，她就干脆把带有轮子的行李箱推下去，然而，行李箱的锁扣断开，东西撒了一地，拉玛娜十分尴尬，连忙装好进站。一路上，拉玛娜都在想，这样的公共场合应该有更人性化的设计来解决高峰期的拥挤。正是刚才在火车站的尴尬境遇带给了拉玛娜灵感的触动：箱子可以滑下去，人也一定可以。因此她一直在构想移动加速器的设计图，并向政府提出了增加这样的设施，老板立刻推荐，政府很快采纳了拉玛娜的建议。有了这样的人性化代步滑梯，可以腾出大量的空间给向上走的人们，解决了上班高峰期拥挤的问题。

（案例来源：根据管理故事《滑出来的创意》改编，《中外管理》，2017年第9期）

　　【案例分析】上述案例表明，所谓"滑出来的创意"，实质上是通过抓住诱导灵感发生的有关信息，充分利用想象而产生的灵感。在这一过程中，如果灵感提出者具有一定的抽象概括能力，一个好的灵感通常可以举一反三，被平移到很多不同的领域，解决很多不同的问题。也就是说，很多的灵感往往来源于看似没有关联的事物中，但是将没有关联的事物联想起来，就能创造出无穷的价值。这个案例对大学生创新创业具有以下两点启发。

　　第一，大学生在创业中，对生活中遇到的问题、难点要深入思考，寻找解决问题的方法。在此过程中，带着问题联系生活，并想象可能存在的解决方式，如石英表被发明后，精于制造手表的瑞士人却不为所动，而被日本人所用，日本生产的手表由于其价格便宜、款式新颖，受到市场欢迎。就在日本企业准备收购瑞士表芯的工厂时，该工厂的领军人物尼古拉斯·哈耶克挺身而出，重组瑞士制表业，将手表的功能、时尚、价格元素结合起来，重新赢得了市场。这说明好灵感的产生都是在问题解决过程中诞生的。

　　第二，大学生创业中灵感的产生是一个系统化的创造性思维过程。灵感什么时候来，又受什么东西触发，往往难以寻觅。灵感蕴藏在人的潜意识当中，且具有非逻辑性和模糊性等特征，甚至可能在没有明确目标情况下，瞬间产生而形成新的创意。因此，大学生在创业中，首先要养成善于思考的习惯，只有经过对问题的反复思考，才有可能在外在因素的触发下产生灵感。

二、创业灵感的市场机会

　　人的创造性是个思维习惯问题。如果在思维习惯上不能主动去挖掘生活中的灵感，那么就不可能开发自身创造性的潜能。同样，在大学生创业过程中，创业项目的选择和市场机会的研判与把握，不仅需要通过市场调查，获取有价值的信息，还需要从创新视角出发，运用灵感思维去发现新的商机，促进创业发展。

获大奖的小瓶贴

　　创立于 1968 年的艾菲奖，是美国营销协会的知名广告奖，该奖项是美国纽约营销协会为表彰每年度取得优异成绩的广告主、广告公司所设置的。2015 年，中国的阿尔山矿泉水公司以一个小瓶贴设计脱颖而出，获得了艾菲奖品牌公益类的金奖。

　　阿尔山矿泉水公司为设计创意瓶贴，找到龙杰琦，请他帮忙从"节约用水，反对浪费"这个主题出发，为矿泉水设计瓶身和瓶贴。一个朋友邀请龙杰琦到他公司观看他们的篮球对抗赛，有个细节引起了龙杰琦的注意，有个下场的男士想到休息处拿矿泉水喝，可当他看到椅子上摆放着已经被拧开的十几瓶矿泉水时，愣住了。由于矿泉水瓶身全都一样，他根本无法辨认自己原先开的是哪一瓶，他只得再打开一瓶全新的矿泉水。如果大家都无法辨识自己的那瓶水，再重新打开一瓶，这样会造成极大的浪费。

　　龙杰琦正是从这一细节中捕捉到一个设计灵感：怎样才能让人们轻易找到自己的那瓶水？龙杰琦直接从"标识"出发，大胆地做出一系列设想。最终，为了提高辨识度，他设计出了将矿泉水瓶变身成"手写瓶"，即在矿泉水瓶上贴上增加特殊油墨涂层的小瓶贴，消费者只要动动手，就能在上面留下属于自己的"标识"。"手写瓶"推出之后受到广大消费者的欢迎。

　　（案例来源：根据故事《获大奖的小瓶贴》改编，《中外管理》，2017 第 2 期）

【**案例分析**】上诉案例表明：龙杰琦从标识细节中捕捉到的设计灵感，是在一系列设想的基础上，受辨别痕迹等信息激发而产生的，灵感诱发的机制，要有足够可以诱发灵感产生的境遇，人的思考完全沉浸在设计专题上，只要某一个信息触发或偶然启迪，顷刻间就会豁然开朗，经非逻辑的质变跃迁，与显意识沟通时瞬间的顿悟，灵感才能产生。龙杰琦设计灵感的重要启示有两点：

第一，创意是一种创造性的成果。龙杰琦灵感的设计创意并不是凭空产生的，它既有对市场消费者需求的长期思考，又有对设计主题的一系列设想与思考，否则也不可能通过一场篮球对抗赛下场球员喝矿泉水的细节获得灵感。所以，大学生创业要想通过灵感思维觅得新的创意、新的点子、新的商机，就不能忽视市场尤其是消费者的需求，同时还要养成善于创造性思维的良好习惯，不断提高灵感创新的思维能力。

第二，灵感创新来源于对市场的洞察。思维主体苦于瓶贴本身设计过于简单，可以运作的空间太小，原有的路子早已踩烂，从而束手无策。龙杰琦善于从生活中挖掘消费者的需求，下意识与设计联系起来，豁然贯通、茅塞顿开，使设计创意脱颖而出。事实上，任何创意都需要创新灵感的光顾。例如，"一撕得"包装箱的商机，在快递业较为发达的今天，撕快递箱成了消费者头疼的问题，为京东做包装的刑凯发现了这一商机，他根据市场和消费者的需求，决定做一种"特立独行"的箱子，开启箱子不用工具，只要轻轻一拉。如今，刑凯的"一撕得"箱子受到了唯品会、聚美优品、罗辑思维、乐视、锤子手机的青睐。

创业者对人的需求和情感认知需要有一个亲身体验的感受，若不能感到市场和产品存在的真实问题，是不可能产生解决问题的灵感。所以，灵感创新需要创业者亲力亲为。

三、创业过程的创新驱动

在创业领域，任何创业都是不断发现问题、解决问题的过程，也是不断创新、驱动发展的过程。创业以创新为引领，所形成的创新创业，其核心要素是创新驱动。创新是任何事业兴旺发达的第一动力，创新驱动是解决大学生创业成功率问题的关键途径。

 **老板电器："场景化"打造厨房经济的新闭环**

2016年，在经济低迷、家电市场成交量持续下滑的大环境下，老板电器通过技术与营销的双重创新逆市而上。这场变革背后的创新驱动是什么？早在2008年老板电器推出"08聪明套装"时，就有了智能联动雏形的第一次显现——烟具随灶具自动开启，这个聪明的做法，也是其迈向智能化厨房创新的第一步。为了扭转形势，老板电器从2010年开始自我演变与革新，成立"智能菜谱"研发实验室与"智能菜谱"技术路线图；2013年组建ROKI项目研发团队，老板电器多年来养成的创新基因都是由固定机构专项负责；2014年，第一代定位高端市场的ROKI智能厨房系统推出；作为厨电行业首家上线的产品，ROKI系统APP可在苹果、安卓智能终端直接下载，内置记录各烹饪环节时间点的数据和几百套实用菜谱，可全程指导用户进行"傻瓜式"烹饪。所有这一切都是老板电器基于用户真实需求的洞察与创新的结果。正是基于用户需求的深刻把握，让老板电器销量遥遥领先，场景化营销也成了老板电器未来营销的主流方式，同时也让用户感受到了老板

品牌的全新活力。

（案例来源：根据史亚娟《技术与营销的双轮驱动，不失为传统家电业的升级之道》改编，《中外管理》，2017第2期）

【案例分析】 上述案例表明，创新是驱动发展的动力。老板电器的创新驱动，始终坚持中高端路线，在经济低迷、家电市场成交量持续下滑的2016年实现了销量与利润的双增长，引领了新一轮的家电消费升级，在营销上，赋予了冰冷厨电"家"的温度感，老板电器敏锐洞察到了主流消费群的真实需求与喜好，构建场景化体验，显示了老板厨电"应客而变"的年轻化变革决心。上述案例对大学生创业具有两点启示。

第一，创新是创造新的发展理念、新的营销模式、新的服务模式。创新驱动来源于市场的不断需求，创业产品和营销模式的转型升级，必须以顾客的实际需求为导向。智能化、场景化成为老板电器新的创新点，这些都归功于老板电器对市场不断的探索和对精准需求信息的把握。相对于发展而言，创新是大学生创业最重要的价值取向。

第二，创新驱动来源于产品价值的实用性。智能化、场景化不能是哗众取宠，家电不同于快消品，不易形成流行式的热点和购买热潮。这种属性决定了消费者只有在购买时才考虑使用的问题，这就需要找到合适的场景，体现产品的实用性。创新驱动的另一特性在于延续创业产品的生命力，永不停止，一个环节结束，另一个环节随即开始。可见，创新作为大学生创业最根本的动力，只有持续创新才能为创业发展提供充足的动力。

第三节 大学生创业灵感与创新的培育

大学生创业是最具有创造性的活动，创造性来自创业者灵感创新等创造性的思维能力。大学生创业，创业者只有具备了灵感创新等创造性思维能力，才能驱动创业发展。然而，创业灵感创新思维能力的缺失，使不少创业者错失良机。提高大学生创业的灵感创新思维能力，有助于充分激发创业者的思维活力，进而促进其创业成功率。

一、大学生创业灵感创新能力的缺失

讲到创造性，人们似乎感觉它很高深，认为这是科学家、发明家所做的事情。其实，创新有时很简单，它并非像人们想象中那么高深莫测。大学生创业灵感创新思维能力的缺失，在某种意义上与一些观念相关，主要表现在以下几个方面。

1. 创新驱动力不足

大学生创业离不开创新驱动力，用创新引领创业的核心要义，是以创新的方式驱动创业可持续发展。当前，无论大学生创业率还是创业成功率，都不是很高，其原因是多样的。但大学生创造力学习的缺失导致创新驱动力不足，则是最主要的原因。

第一，从教育的角度看，高等教育缺乏创造性的引导，致使大学生创造性学习质量不高。正如苏霍姆林斯基所言，如果教师的聪明才智深化到培养每个学生"创造性的能力"上来，教师所讲的话善于激励学生投入创造性思维能力的竞赛上，那么，学校里将不会有一个平庸的学生，理所当然地，生活中也将不会有一个不幸的人。可见，大学生创造性学习，与教师教育引导密切相关，只有把教育人才培养转变到创造性能力提升上来，才能提高大学

生创造性的学习质量，提高大学生创业的创造能力。

第二，从学生的角度看，学习可分为获取知识的学习和应用知识的创造性学习。从创造性上分析应用知识的创造学习远比单纯获取知识学习重要。由于大学生创业前没有养成创造性学习的习惯，重知识的获取，轻知识的应用，难免导致创造性学习不足，创新驱动发展能力不强等问题。

2. 创新竞争力不强

创新思维被认为是智慧的核心，创新思维能力是大学生创业过程中不可代替的核心能力。在大学生创业过程中，如果创业者的创新竞争力不强，则难以在市场竞争中立于不败之地。从创新能力提升的核心要素分析，导致创新竞争力不足的原因主要表现在以下两方面。

第一，创新知识不足，创新意识不强。大学生创业是以创新知识为基础，以创新意识为前提的。目前存在的主要问题，一是创新知识不足，创新是知识的价值体现，由于创业者创新知识不足，很难在创业领域，尤其是主攻创业领域有所突破；二是创新意识不强，创新是自我意识的觉醒，创业者创新意识的缺失，使之缺乏创新动力，因此在创业中也难以有所发明创造。

第二，问题意识不强，创新缺乏导向。爱因斯坦指出：提出一个问题往往比解决一个问题更重要，因为解决问题也许仅仅是一个数学上或实验上的技能而已，而提出新的问题、新的可能，从新的角度看旧问题，却需要有创造性的想象力，而且标志着科学真正进步。可见，创新往往始于问题的提出。但在大学生创业前的学习中，由于缺乏问题意识教育和基础教育训练，导致学习过程中提出问题的能力不足，以致在创业过程中缺乏应有的问题意识。

3. 创新认知的偏差

在大学生创业过程中，无论是创业驱动力不足，还是创业竞争力不强，反映在创业者主体的思想上，就是创业者认知上存在着偏差。对创新的认识是一个价值判断和取向的问题，如果创业者在主观上没有充分认识到创新在创业中的重要性，那么在行动上就很难有践行创新的举动。对创新认知存在偏差，在其成因上主要表现在以下方面：一是对创新本身重要性的认识不足。实践证明，创新是大学生创业的灵魂，也是推动创业发展的不竭动力。创新，出没于世间任何一个领域。任何一项伟大的成功，都少不了创新的参与。不管你想在哪一个领域发展，都需要创新。可见，深化对创新重要性的认识对创业至关重要。二是创新驱动能力的重要性认识不足。创新既是一种思维方式，又是创业者必备的一种能力素质。大学生创业离不开创新驱动能力的支撑，对创新驱动能力缺乏足够的认识，必然会影响创新驱动能力的提升，因而也难以使大学生创业实现真正意义的创新驱动发展。

二、提高大学生灵感创新的能力

创业者的灵感被认为是显意识与潜意识通融交互的结晶，具有独特创造力的思维活动。著名科学家爱因斯坦不仅相信直觉和灵感，而且对灵感尤为钟爱。提高大学生创业灵感和创新能力，重点从以下几个方面做出努力。

1. 积极进取，养成创新思维的习惯

在个人成长中，积极主动被认为是成功人士的第一个重要品质。同样，在大学生创业过程中，成功的创业者不仅具有积极进取的创业精神，而且在不断进取中养成了创新思维的良好习惯。这种思维者的创新精神引领大学生创业，可以激发创业者积极进取的创业精神，由

此产生的创新驱动，可为创业打下不断升华的基础。

第一，树立创新意识。培养大学生的创新意识就是要培养大学生善于求新，但在平凡的生活中，人们总是重复着单调的步伐，始终在一个地方徘徊，使人生无法得到更好的改变。正如一位社会学家所说：一个人缺少创新意识，他的生活就不会发生改变；一个社会不求创新，这个社会就会停止不前。没有创新意识，人们只是重复做事，若要创业成功，若要改变人生，就应善于求新。

第二，养成创新习惯。从心理学的研究得知，创新习惯可以通过心理调适和实践得以培养，可以通过坚持不懈的自我提醒来更新。养成良好的创新习惯，一是要善于学习，学习的重要目的就是培养创新思维、掌握创新性的方法；二是要经常自我革新，创新是对思维重复的否定，要用新的理念去代替旧的习惯，要经常思考大脑中哪些东西应该被淘汰，进而积极主动地自我革新，使自我能够跟上时代发展的步伐。

第三，提升创新能力。创业中的大学生要提升创新能力就是要积极进取，充分发挥自己的才能。人的大脑是一个巨大的宝库，相对于地球上任何一种资源，它是无穷尽的，只要积极进取，不断挖掘，创新能力就会得到提升。意大利著名科学家凯斯 15 岁当车工，从一窍不通到对机器产生浓厚的兴趣，并发现不足，力求通过努力来改变不足，经过十年的奋斗，最终成为拥有多项发明的科学家。尽管凯斯知识匮乏，但是只要努力进取，就能提升自己的创新能力，把自己的才能发挥出来。

2. 打破常规，提升独立思考的能力

别林斯基讲：天才最基本的特征是独创性和独立性。所谓的"独"，在思维上不仅要善于打破常规，而且要善于独智独行。提高创新能力，应从以下两点努力：第一，对问题的思考要敢于打破常规。纵观历史就会发现，古今中外大凡取得重要成就的人，在攀登事业的高峰途中，都具有打破常规、独立思考的能力。什么是常规，常规是一切旧的、陈腐的、束缚个人发挥的边边框框。有位社会学家曾说过，凡是具有打破常规、独立思考能力的人，在创业的过程中大都取得了成功。第二，对问题的求解，要善于独立思考。独立思考可以开启心智，激发灵感，增强自己的创造力，丰富想象力。爱因斯坦因为创立相对论而登上科学的顶峰，在谈到取得的科学成绩时，他感慨这是"十年沉思的结果"。在创业过程中，如果创业者缺乏沉思和独立思考的习惯，大脑就不会产生创新的火花，只有养成多思善思、独立思考的习惯，才能激发出创业者的智慧。贾拉巴因为独立思考而成功摆脱经济的危机并脱颖而出，成为著名的商人。

伟大的生物学家达尔文说：我耐心地回想或思考任何悬而未决的问题，甚至连费数年也在所不惜。创业者若要提高创造性能力，必须具备打破常规、独立思考的能力。

3. 善于求新，激发灵感思维的潜质

古人说："万般皆下品，唯有读书高。"在今天，应该说：万般皆下品，唯有创新高。读书是为了创新，研究也是为了创新，创新是最高的价值取向。在大学生创业过程中，若要创新，就需要不断丰富自我想象力，激发灵感思维，开发大脑潜质。

第一，训练自身的发散思维。所谓发散思维，就是针对某一个问题，可以沿着不同的方向去思考，从多个角度提出解决方案，使结果更加完善。发散思维最大的优势在于可以避免思维的单一性，帮助我们摆脱思维僵化、刻板与呆滞，获得更加丰富的创新意识。著名科学家吉尔福特曾经说过：正是在发散思维中，我们看到了灵感思维最明显的标志。发散思维是灵感思维不可缺少的组成，它往往使我们的智慧迸发出火花，创造出令人意想不到的奇迹。在创业过程中，很多问题如果按照惯性思维去解决，几乎是不可能的事情，即使寻找到方法，也未必是最佳方案，如果运用发散思维，结果就会不一样。

第二，激发灵感思维要开放化、网络化。有很多创业者虽然思维敏捷，但不能够创造出令人满意的结果。原因在于思维太单一，思维方式不够开放。在 21 世纪，要想适应激烈的竞争，必须要求思维的开放性，对一个问题要纵横考虑和立体思考。如果创业者没有积极思考，就不能激发灵感思维的产生，只有不断探索，才能使灵感思维不期而至，才能达到创新的目的。创业者与成功创业者的主要区别在于，成功创业者更善于捕捉灵感并进行创新，所以他们成为创业中的佼佼者。每一个大学生创业者既要有天马行空和百无禁忌的闪念，也要有勤勤恳恳和脚踏实地的苦干精神，这样才能够拥抱灵感与创新带来创业的成功喜悦。

第三，掌握灵感思维方法和应用。在大学生创业过程中，提高灵感创新能力，既要掌握灵感思维方法的类型，又要充分了解诱发灵感思维方法的应用。根据有关研究，利用显意识调动潜意识的方法主要有以下七种，被称为"调潜方法"，其中四种见表 7-1。

表 7-1　诱发灵感的"调潜方法"

方法类型	诱发灵感方法的释意
追捕热线法	当人的显意识孕育成熟，可与潜意识沟通，大脑一旦与连接的"热线"闪现，就积极追捕
暗示右脑法	主要采用定向、收敛、追踪、联想、类比等不同的暗示方法，促进大脑茅塞顿开，产生灵感
寻找诱因法	主要是运用自由想象、科学幻想、大胆怀疑、多向反思作为诱因，诱发顿悟，产生灵感
搁置问题法	当问题一时解不开时暂时搁置一下，使思维放松下来，把问题放在最佳用脑时间去思考才能有效发挥潜意识作用

除上述方法外，还有西托梦境法、养气虚静法、跟踪记录法。创业者只有掌握了灵感思维方法的应用与操作，才有助于提高创业者的灵感创新能力。

第八章

大学生创业的社交与礼仪

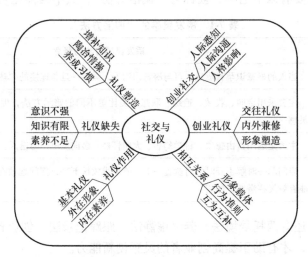

社会交往和礼仪是大学生创业建立良好人际关系的基本途径。提高大学生在创业过程中的社交与礼仪，是提高创业者能力素质的重要组成部分。弥补大学生创业社会交往能力和礼仪素养的短板，提高大学生创业社交与礼仪的水平，对提高大学生创业综合能力素质、促进创业成功，都具有重要的现实意义。

第一节　大学生创业的社会交往与社交礼仪

大学生进入市场创业，需要通过广泛的社会交往建立良好的人际关系。社会交往讲究个人修养和文明礼仪。如果创业者注重个人素养，又深谙礼仪之道，就会给人留下良好的印象，为建立良好的人际关系搭好台阶，为整合创业资源奠定重要的人脉基础。

一、大学生创业的社会交往

大学生创业的社会交往是大学生在创业过程中，通过沟通交换信息、表达思想情感、交流经验技能，实现彼此认同、理解与合作的社会活动。大学生社会交往能力是指大学生在人际悉知力、人际沟通力和人格影响力等方面妥善处理、组织内外关系的能力。大学生创业活动的社会交往能力主要表现在以下几个方面。

1. 社会交往的人际悉知力

社会交往中的人际悉知力，是指一个人在思想、情感、需求、行为等方面能够恰当把控自己的言行对他人的影响，又能理解他人的能力，是大学生创业人际交往的重要能力之一。

美国有一句流行语：一个人能否成功，不在于你知道什么，而是在于你认识谁。斯坦福研究中心的一份调查报告显示：一个人赚的钱，12.5%依赖其掌握的知识，87.5%依赖其人际关系网，再次证明了人际交往对创业成功的重要性。同时，人际悉知力比较强的创业者，在心理活动方面能够把握自己和他人的思想、观点、看法和需求，因而能够很快进入人际交往的角色，为沟通和互动提供主观认识和心理支持。

2. 社会交往的人际沟通力

人际沟通力是指创业者在人际交往中凭借人际悉知力，与他人进行良性互动和语言表达的能力。研究表明，人际沟通是与语言交流相互交织在一起的，具有主动沟通、换位思考、满足彼此需要的文明沟通方式。人际沟通有助于增进双方互信和共识，甚至在处理复杂的人际关系中游刃有余，解决他人难以解决的问题。《论语·尧曰》讲："不知礼，无以立也；不知言，无以知人也。"这说明，人际沟通能力强、语言交流表达好的创业者，更有助于建立良好的人际关系，为整合资源、寻求合作及其创业成功创造条件。

3. 社会交往的人格影响力

人格影响力是指在职能赋予的权力之外，依靠创业者的人格来影响人、带动人、感召人的个人能力。人格影响力可以分为外在影响力和内在影响力两个方面，是社交礼仪的基本要求和外在表现。外在影响力即外在形象的影响力，包括个人的仪容、仪表、仪态等形象要素，内在影响力即个人内在的学识、修养、礼仪素质等。一个具有良好人格影响力的人不仅穿着得体、举止得当、谈吐适度、风度翩翩，而且能做到情感表达真诚、友善，语言表达清晰到位、极具感染力，呈现出迷人的个人魅力。优秀的创业者往往具备较强的人格影响力，在性格、气质、道德品格等方面表现出威望与威信，蕴含着难以估量的凝聚力。

二、大学生创业的社交礼仪

孔子曰："不学礼，无以立。"社交礼仪是指在人际交往、社会交往和国际交往活动中，用于表示尊重、亲善和友好的首选行为规范和惯用形式。在大学生创业过程中，良好的社交礼仪有助于规范创业者在社会交往中的行为举止，协调内外人际关系。

1. 社交礼仪的内外兼修

社交礼仪素养是个人外在形象与内在素质的综合表现。内在素质指的是一个人的道德品质和学识，道德品质是一个人的内涵基础。古人云：欲修身必先利其德。对于大学生创业者来说，"德"是指在人际交往中严于律己、宽以待人、互尊互敬、真诚友善、和睦相处的礼仪原则。有道是："大德必宽。"《礼记》上也曾倡导：君子尚宽。良好的礼仪素养对内可融洽关系，对外可树立形象，营造良好的创业与营商环境，为大学生成功创业提供不可或缺的外在条件。礼仪规范约束着人们的动机和态度，规范着人们的行为与处事方式，协调着人与人之间交往的社会关系。

2. 社交礼仪的形象塑造

社交礼仪形象是一个人在妆容、服饰、风度、气质、魅力方面的综合直观表现。形象塑造是一个人的仪容、仪表、仪态以及气质风度在视觉形式上的具体化。现代社会的快节奏生活使人们需要在短时间内处理大量的社交信息，因此第一印象十分重要。整洁的仪容给人以清爽、干练、果决的第一印象，端庄的仪表有助于塑造权威的形象，大方的仪态是身体语言的展示。社交礼仪形象的塑造需要从仪容、仪表、仪态三个方面加以重视。用正确的礼仪知识修饰仪容、规范仪表、端正仪态，同时，在社交中克服不良嗜好，养成自律、敬人的礼仪习惯，从而塑造良好的社交礼仪形象。

三、社会交往与礼仪的关系

大学生创业就是以创业者的角色与他人交往，并在相互交往中形成一定的关系网络。社会交往礼仪先行，正如《荀子·修身》所言："人无礼则不生，事无礼则不成，国家无礼则不宁。"由此揭示了社会交往与礼仪之间的关系。

1. 社会交往是展示形象的有效载体

德国社会学家齐美尔认为，社会是人们之间彼此互动的模式，那么社会交往就成为人们展示个人形象的有效载体。因为任何人只有借助社会交往的平台，才能与他人形成交往互动关系，在与他人互动中展示自我形象。在大学生创业过程中，创业者在社会交往中塑造良好的个人和企业形象，有助于创业成功。如果没有社会交往的互动过程，那么创业者就无从展示个人形象，也就无从谈起创业成功。

2. 文明礼仪是社会交往的行为准则

文明礼仪是社会交往的名片。礼仪是人们生活和社会交往中约定俗成的行为规范和处事准则。一个拥有良好文明礼仪习惯的人在社会交往中往往能给人留下良好的第一印象，为后期的交往奠定良好的基础。在社会交往的众多环节中，文明礼仪是人们相处的行为准则，是衡量一个人综合素质的重要指标。大学生在创业交往中，可以根据礼仪规范正确把握与外界人际交往的尺度，处理好人与人的关系，塑造良好的个人形象，为成功创业打下良好的人脉基础。由此可知，良好的礼仪素养是成功社交的开端。

3. 交往能力与礼仪素养的互补关系

人际交往能力与社交礼仪素养相辅相成，形成了良好的互补关系。一方面，在人际交往中要热情、自信，注意仪表、举止，面带微笑，运用温和、幽默的语言处理人际交往中的各种问题，同时，懂得各种场合的礼仪、礼节，善于处理各类复杂的人际关系。另一方面，人际交往中的举止、做派、谈吐、风度，以及真挚、友善、富于感染力的情感表达，有利于增强社会交往能力，给对方留下良好的第一印象。

第二节　大学生创业社交礼仪的作用

社交礼仪素养包括个人礼仪修养、社交礼仪能力、岗位礼仪规范和拓展礼仪应用四个方面。社交礼仪素养不仅在举手投足间可以彰显迷人的个人魅力与社交影响力，展现个人的礼仪风度与社交自信，而且在一定程度上也体现了创业者的文化内涵和商务礼仪的一种境界。

一、社会交往的基本礼仪

如今，人们的社会交往日益频繁，有效的社会交往是大学生创业走向成功不可缺少的一个重要条件。经验表明，大学生创业的社会交往不仅需要掌握社会交往的基本礼仪，而且还要懂得交往之道。大学生创业要树立"以礼先行，以礼相伴"的社会交往观。

【案例】

小陈的坎坷创业路

小陈名校毕业，成绩优秀，毕业后励志创业，但在寻求合作伙伴过程中，经过多次尝试都没有成功。他舅舅得知后，便请他的同学王先生从中帮忙。王先生是一家知名企业的董事长，为人热情、经验老到、人脉极广。王先生安排小陈在他办公室见面，小陈很高兴，穿戴整齐提前来到王先生的办公室。因为路上赶得太急，身上和手心全是汗，进门后也顾不上擦汗就伸出手来向王先生行握手礼，礼毕之后才掏出纸巾擦了擦手。坐下来后，小陈见王先生不太热情，便主动说："常听舅舅说起你，听说王先生读书时学习很好，舅舅说你是一个聪明的小胖子。"之后便无语了，王先生问一句，小陈答一句，并没有主动介绍自己的学习和特长，也未提及创业和寻找合作的意愿，在走之前也没有留下自己的联络方式。第二天，舅舅告诉小陈，王先生的公司没有和他合作的意向。

（案例来源：根据李雨轩《旅游服务礼仪》中的案例改编，机械工业出版社，2019）

【案例分析】上述案例说明了"人无礼，难自立"的道理，同时，也揭示了文明礼仪在社会交往中的作用。小陈此次社会交往失败的原因有以下三个方面。

第一，不规范的握手礼仪。当手中有汗时，不适合与对方直接握手，需要在握手前将汗擦干，同时，握手后马上擦手也是不礼貌的表现。

第二，不规范的交谈礼仪。小陈见王先生不热情，主动说舅舅对王先生的评价"小胖子"是不合适的。古人云：一言兴邦，一言丧邦。朱元璋当上皇帝之后两个发小找到他，一个人一见面就大声嚷嚷："你一个放牛的竟然也当上了皇上。"这个人后来被杀了，另外的一个人见到朱元璋就三呼万岁，这个人则被封官了。由此可见，交往礼仪要遵循得体、大方、谦虚、一致等准则，要注意赞誉准则的使用。学会真诚地赞美他人，同时注意赞美的方式和技巧。

第三，小陈在交谈中并没有主动介绍自己。介绍是社会交往中非常重要的一个环节。目的在于帮助本来陌生的双方变得熟识。小陈与王先生的初次见面中，应该先做自我介绍，自我介绍应该包含一些基本的信息，如：姓名、年龄、学习状况、兴趣爱好、合作意向、联系方式等。

古人云"慧于心而秀于言"。养成良好的交谈礼仪，与人交往时能自然、准确、得体地进行社会交往，使自己在创业社交中展示魅力，展现良好的礼仪修养。

二、社会交往的外在形象

曾子在《大学》中强调："诚于中，形于外。"在大学生创业的社会交往中，创业者的外在形象往往会给对方留下深刻的印象。外在形象不仅包括人外观的形体相貌，还包括仪容、仪表、仪态、饰物等，是一个人内在修养的外在表现。

【案例】

时髦的"行头"

郑伟是一家大型国有企业的总经理，为了促进企业的发展，他有意寻找一个国外的合作伙伴。一次偶然的机会他获悉德国一家著名企业的董事长到本市访问，并有意向与国内企业开展合作。于是，他立刻请有关部门帮助联系并很快得到了回复：德方企业不仅有兴趣同他的企业进行合作，而且还希望能尽快与他见面。

在双方约定会面的当天，郑伟为了展示形象，根据自己对时尚的理解，对自己的穿着服饰刻意地进行了一番修饰，上穿夹克衫，下穿牛仔裤，头戴棒球帽，足蹬旅游鞋，他希望自己这身打扮能给对方留下精明强干、时尚新潮的印象。可是他万万没想到自我感觉良好的这一身时髦的"行头"，却偏偏坏了他的大事。

（案例来源：根据梁颖《旅游服务礼仪》改编，上海交通大学出版社，2015 年 7 月第 4 版）

【案例分析】 根据国际惯例，郑总经理与德方同行的第一次见面属于国际交往中的正式场合，应穿西服或传统中山服，即正装，以示对德方的尊重。但他没有这样做，使得德方同行认为：此人着装随意，个人形象不合常规，给人的感觉是过于前卫、尚欠沉稳，与之合作之事需再作他议。在社交场合，外在形象的维护尤其要注意仪容、仪表、仪态。

第一，仪容方面。整洁、自然、端庄是仪容的基本要求。清洁卫生（口腔无异味，耳朵无耳垢等），选择合适的发型，男士注重面容的整洁，女士化淡妆。

第二，仪表方面。注意着装的整洁原则、三色原则、TPO（时间、地点、场合）原则，男士在正式场合着正装，女士着职业套裙，佩戴饰物要符合身份，以少为佳。

第三，仪态方面。美国心理学家梅拉比安提出：人类全部的信息表达＝7%语言＋38%声音＋55%体态语。仪态具体表现为动作、表情与相对静止的体态，如微笑、点头、眼神，以及站姿、坐姿、蹲姿等，仪态体现着人的精神面貌与礼仪修养。大学生从点滴做起，养成良好的礼仪习惯、提高个人修养，才能使创业机遇不期而至。

三、社会交往的内在素养

日本学者松平靖彦认为：礼仪本身包含了人们在社会生活中应予以遵守的道德和公德，人们只有不拘泥于表面的形式，真正使自己具备这种应有的道德观念，正确的礼仪才得以确立。个人礼仪修养要求创业者不仅要注重自身的仪容、仪表、仪态等外在的个人形象，更要注重内涵素质的提升。

【案例】

希尔顿饭店首任总经理的故事

这是发生在美国一家旅馆的真实故事。在一个风雨交加的夜晚，正在值班的服务生看到一对老夫妇走进旅馆大厅，告诉他想要开间房住一晚。夜班服务生无奈地告诉这对老夫妇："十分抱歉，今天的房间已经被订满了。"但为了不使这对老夫妇再一次置身于风雨中，服务生请他们在自己的房间下榻。第二天一早，老先生前去结账时，还是昨晚上值班的服务生接待他，并亲切地表示："昨天您住的房间并不是饭店的客房，所以我们不会收您的钱！"老先生点头称赞："你是每个旅馆老板梦寐以求的员工，或许改天我可以帮你盖栋旅馆。"谁想几年后，这位服务生收到一位先生寄来的挂号信，信中说了那个风雨夜晚所发生的事，同时还附有一张邀请函和一张纽约的往返机票，邀请他到纽约一游。服务生抵达纽约在第5街及34街的路口遇到了这位当年的老人，老先生指着这个路口矗立的一栋华丽的新大楼说："这是我为你盖的旅馆，希望你来为我经营。"这栋大楼就是纽约最知名的希尔顿饭店，它在1931年启用，是各国政要和企业家造访纽约时下榻的首选。而奠定希尔顿酒店世纪地位的首位总经理就是当年的服务生乔治·波特。他用自己的真诚与良好的礼仪素养改变了自己的人生命运。

（案例来源：根据《希尔顿王朝：美国传奇家族的艰苦创业史》改编，中国人民大学出版社，2000）

【案例分析】古人云：修身、齐家、治国、平天下。良好的礼仪素养是个人成才的基石，是成功创业的基础。一个人的礼仪修养犹如木桶理论，修养的高低取决于所组成要素中最短的一块板，而创业中最容易忽略的是真诚原则、尊重原则与内在品质的提升。

第一，真诚原则。真诚是一个人的基础品质，也是每一个创业者走向事业成功的必修课。国外著名的管理机构开展了一项名为"受人尊敬的领导者品质"的调查问卷，在25年的时间内，分别调查了7500位企业和政府机构的高层管理人员，结果显示，在领导者应具备的优秀品质的选项列表中，88%的人选择了真诚。

第二，尊重原则。尊重上级是一种天职，尊重下级是一种美德，尊重客户是一种常识，尊重同事是一种本分，尊重所有人是一种教养。

第三，重视内在品质的提升。"勿以善小而不为"，努力不要疏忽任何一个可以助人的机会，把每一件事都做到完善，对每一个机会都充满感激。无论一个人从事什么职业，掌握社交礼仪就等于掌握并拥有了丰厚的人脉资源，那么这个人在成功路上就走了85%的路程，在个人幸福的路上走了99%的路程，成功创业也就指日可待了。

第三节　大学生社交礼仪形象的塑造

针对大学生创业社交礼仪存在的缺失和不足，有针对性地提高创业者的礼仪素养，对于塑造创业者个人形象、促进创业与发展具有重要意义。

一、大学生创业社交礼仪的缺失

中国是礼仪之邦，几千年的文明沉淀了享誉中外的礼仪传统。然而在现实社会中，受应试教育的影响，以及礼仪素养、社会交往能力重视程度不够，造成大学生社会交往能力较弱，礼仪素养欠佳。

1. 礼仪意识淡薄

据调查显示，有5.26%的学生认为社交礼仪文化能力与自身的就业竞争力没有关系。当前大学生不关注人际交往中的礼貌与礼节，礼仪意识淡薄，主要原因有两个方面：一方面是家庭礼仪教育的缺失。当今大学生中独生子女较多，由于长辈亲友的长期娇宠，很多学生的言行举止都以个人为中心，任性妄为，不懂得尊老爱幼、尊敬师长等。另一方面是学校礼仪教育的缺位。在长期的教育过程中，学校着重培养学生的外显技能，忽视了内在道德与礼仪修养的培养，导致一部分学生对礼仪的认知只是停留在"校规"上，除此之外则放任自流、随心所欲。

2. 礼仪知识有限

据调查显示，53.8%的学生根本不了解社交礼仪的内涵。目前大学生对礼仪知识的掌握只停留在基本的礼貌、礼节层面，对系统的礼仪知识，如个人礼仪中的仪容礼仪、仪表礼仪、仪态礼仪、语言礼仪的掌握还相当欠缺，导致一些大学生在日常生活中，化浓妆、穿奇装异服，站姿、坐姿丑态百出，甚至出言不逊。在社交礼仪知识方面，对于介绍、称谓、握手、交通、馈赠、宴会、座次等礼仪知识的了解非常有限，在社交中分不清主次尊卑，甚至喧宾夺主，使交际场面混乱、尴尬。除此之外，对于涉外礼仪和少数民族礼仪更是知之甚少，在社交过程中出现好心办坏事的现象。

3. 礼仪素养不足

据调查显示，有84.21%的学生对周围学生的礼仪文化知识不满意。大学生在与教师、同学以及父母的交往中的礼仪素养有待提升。调查显示，大学生不能积极有效地与人交往，无法与他人建立良好的友谊，人际交往的发展状况并不乐观。部分大学生有交往障碍是一个不容忽视的事实，他们不仅不愿参加集体活动，甚至害怕与陌生人见面和交谈。还有一些大学生虽然想有更多校外的社会交往，但时间有限、能力不强，实际效果不佳。

二、塑造大学生创业礼仪的形象

大学生创业者社会交往能力与礼仪素养的培养，是通过有针对性的学习和训练，增强大学生创业者适应社会环境的能力，使其在社会交往中善于表达和展现自我，快速融入社会，充分发挥个人的专业知识与技能，积极为社会发展做出贡献。

1. 学习礼仪知识

礼仪知识是提高大学生创业者礼仪素养的根本。大学生为创业成功积累礼仪素养需要从入校开始就不断努力。第一，应多阅读关于礼仪文化方面的书籍；第二，应多参与各种形式的社交礼仪文化讲座与活动；第三，应积极参与各种礼仪文化、职业礼仪培训的社会实践，多方面获取礼仪素养的知识与能力，并不断更新，与时俱进，从而在实践中感悟社交礼仪的魅力。在社会交往和人际沟通中，得体的衣着打扮、儒雅的言谈举止、文明的交流方式等文明礼仪习惯的养成不仅有利于彰显个人的文化修养，而且也有助于增加大学生创业者的社会交往能力。

上至国家形象，下至个人修养，礼仪的影响无处不在。在人与人的交往中，"一言一行严克己，一举一动都敬人"，这是文明礼仪风范，也是现实生活中彰显礼仪的力量与魅力。礼仪的学习与运用是一个长期过程，要记于心，敏于行，做到"知行合一"，才能成为一个懂礼守礼的创业者。

2. 陶冶礼仪情感

利用情境的暗示和感染作用，将理、情、境融为一体，从而产生情感的共鸣，通过长期的定向熏陶，深刻地影响个人的思想感情和性格特征，形成潜移默化的影响。大学生创业者在礼仪情感的培养过程中，要在了解和掌握礼仪知识的基础上，将礼仪知识、礼仪情感和礼仪运用的情境融为一体，产生礼仪情感的共鸣，立志做"礼仪达人"，给人以彬彬有礼、风度翩翩的谦谦君子形象。

正确的礼仪情感可以使大学生创业者在交往中做到平等待人、诚实守信、互利互助、宽容谦虚，从而提高个人的人格魅力与人格影响力。因此，引导大学生创业者树立正确的人际交往观是提高创业者社会交往能力的必要前提。一是坚持平等的交往原则，正确认识自己，尊重他人的自尊心和感情，既要讲究语言文明、平等待人，更要真诚待人、表里如一、正直无私；二是坚持互助互利的原则，待人接物力求与人为善，先利人再利己；三是坚持恪守信用的原则，信守诺言，有约按时到，借物按时还，不信口开河，夸夸其谈；四是坚持宽容大度的原则，金无足赤，人无完人，能够包容对方的缺点，才能更好地发挥其优势和潜能。这些人际交往的技巧在短时间内提升大学生创业者的人际交往能力成效明显，同时在以后的实践中准确地把握社会交往的基本原则，可以达到事半功倍的效果。

3. 养成礼仪习惯

礼仪行为的践行过程是个人不断"律己"的过程，根据社会约定俗成的行为准则，严格遵守礼仪规范。个人礼仪方面，个人的仪容、仪表、仪态要严格践行礼仪要求，时时刻刻关注个人形象与着装规范，站姿、坐姿、走姿、蹲姿与态势语言要严格执行礼仪标准，关注个人的仪态规范。待人接物方面，介绍礼仪、握手礼仪、名片礼仪、电话礼仪等要严格遵守礼仪规范。岗位礼仪方面，要求自己在工作前熟知岗位基本要求，在工作中坚持标准并严格执行。

第九章

大学生创业的沟通与协调

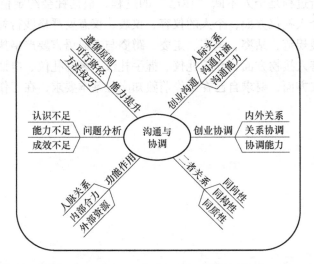

GE 公司前总裁杰克·韦尔奇认为，沟通是一种浓缩的管理。沟通与协调是人与人、人与组织之间交往互动的重要方式，通过沟通协调创业内外的人际关系、整合人际资源，提高创业活动整体效能。沟通与协调也是当前大学生提高创业成功率必备的一种能力素质。

第一节　大学生创业过程与沟通协调

在大学生创业过程中，良好的人际关系和有序的市场运作，在很大程度上是通过卓有成效的沟通和协调实现的。对沟通与协调的核心要义及其内在关联进行深层研究，把握沟通协调的本质含义，是提高大学生创业沟通协调能力的重要前提。

一、大学生的创业沟通能力

沟通在企业和组织管理中被视为一种管理艺术和方法手段，同时也是创业者必备的一种能力。大学生创业是一个自我领导、自我组织、自我管理、自我完善的过程，其中，沟通是创业者在创业过程中，建立良好人际关系，满足彼此互动、增进思想交流、进行信息交换的有效手段，是实现创业目标的重要管理职能。

1. 大学生创业人际关系的沟通

就人与人之间的交流而言，沟通实质上是人际关系的范畴。在马克思看来，人是社会关系的总和，大多数人一生中有70%～80%的时间都在从事某种形式的沟通、写作、说话或倾听。可见，沟通是人们与生俱来的需求和期望，正如管理大师汤姆·皮特斯所指出的：人类的天性就是这样——为了使沟通稍合礼节一点，时间稍短一些——你必须努力和别人沟通。相对于大学生创业，沟通来自创业者人际交往的需要，又存在于创业的组织管理中。

沟通，是指两个以上主体之间交流思想、情感或情报信息的过程。从人们的交往沟通过程看，沟通都是由信息发送者、信道和接收者构成。沟通信息具有特定内容，关键是沟通主体双方对信息内容的认知和理解。因此，沟通是人们在人际交往中通过交换信息，彼此在思想、情感上形成共识，建立良好人际关系的过程。沟通过程如图9-1所示。

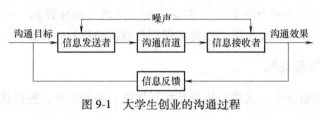

图 9-1 大学生创业的沟通过程

图9-1表明，创业者借助沟通可以获取各种信息，表达自己的意愿和想法，在交流互动中寻求共识，架起人际交往的桥梁，形成创业内外良好的人际关系。

2. 大学生创业的沟通能力

沟通能力，是指人们在沟通过程中，为实现既定的沟通目标，运用一定的手段、方法和技巧，消除沟通障碍、化解沟通难题、实现有效沟通的能力。大学生创业涉及的内外关系是多样的、变动的，甚至有些是不确定和不可预见的，因而需要具备良好的沟通能力去应对各种复杂的局面和多样化的复杂关系。已有的大学生创业实践表明，良好的人际沟通能力不仅有助于大学生捕捉创业机会，提高机会占有率，而且也有助于大学生整合创业资源，提高创业成功率。从这个意义上讲，沟通能力是大学生创业的一项重要能力素质，也是大学生成功创业必备的一种能力。

二、大学生创业的协调能力

在大学生创业过程中，沟通的目的是协调，创业过程中的人际交往、良性互动、关系协调都是实现创业目标不可或缺的条件。古语讲：天时不如地利，地利不如人和。大学生成功创业既需要具备良好的人际沟通能力，又需要具备以目标为导向的协调能力。

1. 大学生创业内外关系的协调

在创业的人际交往中，协调是相对于处理各种关系、整合资源和活动目标而言的。协调是指创业者和管理者借助一定的方法和手段，消除关系失调、协同失衡、促使组织内外关系和谐、步调一致、形成合力、实现共同目标的过程。从协调效应分析，创业者是否善于协调，能否有效协调，在相同的环境条件下产生的协同效应和活动绩效是完全不同的。

大学生创业的协调包括内部关系协调和外部关系协调。内部关系协调是对内部上下、平行关系的协调，通过协调形成团队成员之间相互适应、形成共识、协同配合、形成合力；外部关系协调是对大学生创业活动中密切相关联的各种外部关系的协调，通过有效协调建立良好的人脉关系，整合外部人力资本、财力资本、社会资本等各种资源，形成新的竞争优势。

2. 大学生创业的关系协调能力

在组织管理中，有人把协调看作管理的本质、管理的目的，有人把协调看作管理的一种职能、一种能力。前者观点相对的是组织目标，协调的目的是与组织目标相一致的，揭示的是关系协调与组织目标的相通性逻辑；后者观点相对的是组织资源，协调的目的是与整合资源相契合的，揭示的是关系协调与资源整合的生成性逻辑。但从整体上看，这两种观点又是一致的，无论是协调关系、形成合力，还是整合资源、创造优势，都是为了消除分歧，把分散的资源整合起来，实现目标最大化的整体性协同效应。

大学生创业的协调能力，是指创业者借助有效沟通等手段，协调创业内外关系，整合资源，实现创业目标的能力。凡是卓有成效的组织管理 70% 是通过沟通协调实现的，凡是人际关系中出现的矛盾和冲突 70% 是由于沟通不畅、协调失衡导致的。协调作为一种能力素质，在大学生创业中占有重要地位，也是实现创业成功必备的一种能力。

三、创业沟通与协调关系

在大学生创业的管理中，沟通与协调是相互贯通、功能互补、整体优化的。通常，卓有成效的管理创新所遵循的逻辑是"先沟通，后协调，再管理"。其中，沟通预设协调，协调依托沟通又趋向目标，形成沟通协调互动，一体化推进的管理过程。

1. 沟通与协调的同向性

在创业的组织管理中，沟通作为管理的一种手段，侧重于人与人之间的信息交换和双向互动；协调是一种组织职能，侧重于协调人与人之间的关系，二者之间具有同向、递进的显著特征。协调以沟通为基础，如果说沟通是手段，那么协调就是目的，因此，二者在创业目标的价值取向上，便形成了彼此互动、协同一致的同向性关系。

2. 沟通与协调的同构性

在大学生创业的组织管理中，沟通作为一种手段是与协调联系在一起的，而协调的目的性又是与价值引导相联系的。所以人们习惯把二者称为沟通协调。由于沟通与协调的目标价值是一致的，协调依赖于有效的沟通，沟通是为了有效地进行协调，所以二者在价值目标取向上所形成的关系既是同向性又是同构性关系。

3. 沟通与协调的同质性

在大学生创业的整体性思考中，沟通与协调处于同一个创业目标框架下。在二者协同一体化推进中，同向性和同构性决定了二者还具有同质性的特征，其完美结合可以在功能上形成整体大于部分之和的整体性协同效应。

沟通看似着眼于现在，实质上是服务于协调、面向未来的，在共同价值目标下，沟通与协调在本质上具有原则上的一致性。实践表明，人际沟通越有成效，越有助于发挥协调目标导向的引领作用。可见，沟通与协调二者具有同质性，并统一于大学生创业的过程和目标之中。

第二节　大学生创业沟通协调的作用

在大学生创业的交往过程中，沟通协调具有不可替代的作用，它是建立创业内外和谐人际关系的基础，事关创业资本的整合和创业团队的管理，是大学生创业走向成功的重要条件。大学生创业的沟通协调能力具有以下重要功能和作用。

一、建立良好的创业人脉

大学生创业处于复杂又充满挑战的市场环境中，创业者必须通过建立良好的人际关系来应对不同市场的各种不确定因素带来的挑战。沟通协调能力是大学生创业建立人脉关系的一种本领，这种本领有助于创业者通过沟通协调创业与外部环境的关系，借助于人脉整合并充分利用外部资源，为成功创业和快速成长创造良好的外部条件。

【案例】 **毕业五周年同学会办成创业创新峰会**

2018年5月19日，合肥工业大学一场普通的毕业五周年"再回首"纪念活动，被返校学生办成了高规格、大场面的创业创新高峰论坛。来自苏、浙、沪、鄂、豫、皖等地的150多名合工大2010级MBA和MPA毕业生重返母校。如今，这些校友已在各自的领域有所成就，其中，上台和大家分享事业感悟的5位校友分别是：上市公司南京埃斯顿自动化股份有限公司副总经理、董事袁琴，爱忘忧教育创始人周君君，浙江伍虎控股有限公司副总裁张庆勇，武汉东方泰风进出口有限公司总经理胡艺珺，南京睿道文化传媒有限公司董事长潘松涛。

合工大MBA和MPA的学生全部来自各行各业的优秀中青年骨干，年龄跨度涵盖60后、70后、80后，聚集了各行业的高端人才。同窗两三载，相当于储存了一个高端的"人脉"资源矿，这个高端的人脉资源矿不仅为创业者建立良好的人脉关系埋下了重重的伏笔，而且对创业者合理利用这种人脉关系，促进创业成功也有很大的帮助。

（案例来源：根据人民网"再回首"纪念活动改编 http://m2. people. cn/r/MV8wXzEx-MDE2NzExXzM2NjlfMTUyNjg5NTM0MQ==）

【案例分析】 上述案例表明，无论是大学生创业还是企业家经营管理，都必须根据目标建立良好和完善的人脉网络。人脉网络既是人际关系网络，也是创业的战略资本和资源网络。大学生创业意味着进入了更为广阔的市场，因此不能把自己禁锢在小圈子里，而应该充分利用创业的社交活动，构建完善的人际关系网络。创业的人脉资源主要来自三个方面。

第一，校友资源。校友、同学之间情感相融又彼此了解，关系自然非同一般，因而对创业者而言，校友、同学是一个难得的人脉关系。据了解，有一个金融投资进修班的学员团聚，虽然他们只有200多人，但控制资金却高达1200亿元。如果创业者能够运用沟通协调能力，使同学关系更进一步，对于合伙创业或整合资源都是大有裨益的。

第二，朋友资源。人们常说"多个朋友多条路""朋友多了路好走"，真正的朋友，无论是来自同学、战友，还是来自同事、老乡，都是值得珍惜的人脉资源，"出门靠朋友"正是这个道理。有一个关于成功的公式：成功＝30%知识+70%人脉。所以，大学生创业既要与已有的朋友保持经常性的沟通，又要广交新朋友，在沟通交往中积累人脉资源。

第三，业务资源。大学生创业重在把握商机、锁定顾客，建立良好的业务往来关系，因而需要借助沟通不断协调外部关系。正如美国哈维·麦凯所言：建立人脉关系就是一个挖井的过程，付出的是一点点汗水，得到的是源源不断的财富。所以，建立良好的业务关系，整合外部资源，既需要付出汗水、付出努力，也要具备相当的沟通协调能力，在实践中提高人格影响力、人际亲和力、人脉整合力。

二、形成创业的内部合力

在世界各大商学院和商业机构对成功管理者的调查中，对于"什么是热门工作中最重要的技能？"这一问题的回答结果显示，沟通协调能力排在首位。同样，沟通协调能力对于大学生创业而言，更是不可缺失的，它是创业内部建立良好互动关系的一种艺术，也是增进关系和谐、形成合力的一种能力，同时还是创业成功的重要基础。

GE 董事长兼 CEO：沟通永远是最好的管理

美国通用电气公司（GE），有 13 个业务集团，几十个不同的职能部门，1300 多亿美元的营业额，几十万员工，保证企业高效、良性运营绝非易事。GE 前任总裁杰克·韦尔奇，提出"无边界行为"理念，打破业务集团的界限，按照人力资源、公共关系、销售、市场、财务等不同职能部门，通过建立松散组织、协会，促进横向交流，增进部门和员工之间的了解，培育整体性的合作精神。

杰克·韦尔奇还推行"群策群力"计划，邀请内部员工和外部人员开展座谈，把提出的问题列成清单，由 GE 的经理对每一个问题当场做出决定，不能做出决定的问题在约定时间内完成。这种沟通互动方式使许多技术与管理上的问题得以迅速解决。

在杰克·韦尔奇掌管 GE 的 21 年里，他与 18000 名员工进行了面对面的沟通。这种沟通方式在 GE 已经成为传统。CEO 杰夫·伊梅尔特上任后，花大量时间参加新员工见面、员工培训、员工大会等活动，利用一切可以利用的机会与员工进行沟通与交流，把自己的想法及时告诉员工，并聆听员工的想法。他认为，企业的领导人应该抓住每一个机会，利用每一种方式与员工进行沟通。因为对 GE 公司的 CEO 而言，沟通与协调就是管理。

（案例来源：根据《GE 董事长兼 CEO：沟通永远是最好的管理》改编，https://www.mbachina.com/html/zczx/201612/100564.html）

【案例分析】上述案例表明，无论是创业还是经营企业，要想形成上下一致的合力，卓有成效的管理，就离不开有效的沟通和协调。GE 公司历任董事长都高度重视企业内部的沟通协调，把它看作最好的管理，采取的沟通协调方式，对今天的大学生创业管理创新、形成内部合力有重要启示。案例的启示如下。

第一，有效沟通是消除内部矛盾和冲突的重要手段。在创业中由于每个人对问题的看法、角度、侧重不同，难免会产生这样那样的矛盾，如果矛盾不能得到及时化解就会产生冲突，影响到工作成效。GE 公司采取形式多样的沟通协调方式，使许多管理上的问题得到解决，说明沟通能力能够增进彼此认同、形成共识，在合力作用下提高工作效率。

第二，合适的沟通渠道对实现有效沟通至关重要。GE 公司上下级之间的沟通之所以卓有成效，最重要的是找到了一个最适合有效沟通的渠道。沟通的渠道和方式是多样的，找到一个合适的沟通渠道，往往能够使沟通达到事半功倍的效果。所以，大学生创业要谋求内部和谐，形成合力，首先就要选择一个有利于沟通和协调的渠道。

第三，卓有成效的沟通需要具有健全的反馈机制。沟通作为一种手段，目的是促进企业人际和谐。如果只有沟通而没有反馈，就难以进一步沟通协调，因此也难以实现双向沟通。所以，大学生创业的内部沟通，不仅需要创造良好的内部沟通氛围、健全内部沟通渠道，还必须建立完善的反馈机制，实现真正意义上的双向沟通。

三、整合创业的外部资源

大学生创业在管理创新上不仅需要通过沟通协调形成内部合力，还需要创造新的竞争优势。大学生创业者的沟通协调能力是整合企业资源的有效手段和方法。大学生创业外部资源的多寡在很大程度上会影响创业的成败。

【案例】

册多多——整合外部资源

深圳册多多科技有限公司于 2019 年 9 月 9 日注册成立，是以传统线下生产为基础、线上互联网为驱动的实体企业，以互联网开发应用技术、影像工艺品研发生产、营销策划商业赋能为核心业务，致力于为亿万家庭、个人和企事业单位提供影像定制服务。

册多多在创业之初，以"用一本相册为讲好中国故事多做一点"为出发点，从核心理念到具体做法，都立志为助力国家文化复兴贡献力量。其产品项目、发展理念，特别是文化内涵，受到了河南省企业文化促进会的充分认可和大力支持，并利用多种场合对册多多项目进行推广宣传，希望通过"册多多"平台，把用一本相册书写与众不同的社会万象、人生故事，传送到千家万户，践行"讲好中国故事，共塑中国形象"的初衷。

册多多自主研发、推广运营的影像生活 TOC 体验馆暨手机照片在线 DIY 影像定制平台，率先提出并打造"一人一店一社群""一商一铺一联盟"新型营销模式，在国内率先研发推出首款私域流量 APP"品宣+商城"系统，为商家持续发展积累流量和粉丝。册多多将从行业、文化、大数据、创业孵化、公益事业等多维度，助力中国影像行业破局蝶变，开辟了中国"影像产业+百业联盟"互帮互助的商业系统和线上社群经济生态。

（案例来源：根据册多多创业企业案例改编，2020 年 9 月）

【案例分析】册多多项目的优势特点，就是搭建网络平台，整合优势资源，汇聚各方力量，实现锁客裂变，助力商家快速摆脱花钱买流量的困境，创建自己的私域流量王国，从而更专注于提升服务和产品品质。册多多的创业经历，对大学生创业有重要启示。

第一，创业要了解政策，把握发展趋势。大学生创业不能背离国家经济发展的背景和趋势，只有了解国家提倡什么，反对什么，顺应市场发展需求，才能把握大局、明确方向、乘势而上，所以创业无论大小，都需要有明确的目标方向，保持正确的战略定位，并为此努力。

第二，创业要看清需求，找准市场痛点。大学生创业不能人云亦云、亦步亦趋，既要发挥自身勇于创新的优势，又要注重市场动向和需求，发现有特点、有特色的项目，特别是挖掘发现众多商家忽略的市场需求，像册多多一样，找准自己创业的最佳切入点，以此为目标构筑资源整合平台，以沟通协调为手段，谋求更多的外部资源促进企业发展。

第三，创业要整合资源，学会借力做事。大学生无论在校还是进入社会，由于创业经验不足，社会、人脉资源有限，靠单打独斗，凭一时之勇，一定会碰壁受挫。这就需要创业者在实干的基础上，充分利用各方面的资源，把借船出海、借力创业作为重心，这样才能以较小的代价和成本，取得较大的成功。

第三节　大学生创业沟通能力的提升

沟通协调能力是大学创业必备的一种能力素质。已有的创业实践证明，沟通协调是创业者每天都要运用的一种能力。大学生创业从能力素质建设出发，针对大学生创业在沟通协调能力上存在的缺失，以问题为导向，提高大学生创业的沟通协调能力。

一、大学生创业沟通能力的缺失

美国普林斯顿大学对 1 万份人事档案进行分析后发现，在工作中专业技术和经验只占成功的 25%，其余的 75% 取决于良好的人际沟通。以此为参照，目前大学生在沟通协调能力上明显存在不足。

1. 认识不足导致无意沟通协调

由于创业生态环境的复杂性和不确定性，创业者、创业团队、创业投资者之间因为思考问题的角度不同，往往会产生分歧、摩擦和冲突，这就需要创业者通过沟通去协调创业的内外关系，形成内部关系融洽、外部关系和谐、运行平稳有序的创业氛围和人际环境。

从大学生创业成败角度分析，尽管导致大学生创业失败的原因多种多样，但凡是成功创业者都有一个共同规律，就是管理有素、善于沟通、注重协调内外关系。反观创业失败的案例，由于创业者无视创业内外出现的摩擦、分歧和矛盾，也无意主动采取措施去沟通协调，造成人际关系持续恶化，导致内在合力不足、外在失道寡助的管理危机，最终导致创业失败。

2. 能力不足导致无力沟通协调

在特定创业环境中，就创业内部整体协同、外部整合资源而言，沟通协调能力是实现创业成功的重要支点，是大学生创业依托卓有成效管理走向成功的主体引渡。然而，虽然有不少创业者认识到沟通协调在营造良好人际关系中的作用，同时也具有主动沟通协调的欲望和需求，但由于缺乏相应的沟通协调能力，在面对复杂的创业生态环境和复杂的内外关系时，表现出种种无奈，无所适从。如果说无意沟通协调是创业者对其重要性的认识不足，那么无力沟通协调就是创业者沟通协调能力不足，前者表现为沟通协调难以付诸行动，后者表现为沟通协调力不从心。由此可知提高创业者沟通协调能力的重要性。

3. 管理不足导致无效沟通协调

从创业实践上看，成功的创业者由于管理有素，一般都具有良好的内外部关系，而良好的人际关系一定是通过有效的沟通和协调实现的。但同时也有一些创业者，由于在管理上习惯于以自我为中心，导致无效沟通和关系失调，从而难以拥有良好的人际关系。以自我为中心的沟通协调，具有一厢情愿的心理特征，习惯从自上而下的单向沟通出发，忽视对方的心理感受，这种忽视对方心理、单向沟通和协调一定是没有成效的。在大学生创业内外关系的沟通协调中，之所以会出现无效沟通和失调现象，其原因在于有些创业者过于自我，缺乏平等沟通意愿，那么沟通失效、关系失调就在所难免了。

二、创业者沟通协调能力的提升

沟通协调能力是大学生创业能力素质建设的重要组成部分，是提高大学生创业成功率必备的一种能力素质。提高大学生创业的沟通协调能力，应遵循一定的原则，选择可行的途径，掌握适用的方法和技巧。

1. 沟通协调应遵循的原则

沟通协调原则是大学生创业沟通协调中应遵循的法则、规则或行动的准则，违背其中任一原则，都会影响到沟通协调的有效性和可靠性。创业者在内外关系的沟通协调中应遵循以下原则。

一是价值导向原则。在大学生创业过程中，沟通协调是以创业成功为目标而开展的管理活动，其目的是消除各种分歧、矛盾和冲突，使得内外关系和谐、目标一致、价值共创。其中，目标导向侧重于沟通协调的目标定位，行为导向侧重于沟通协调的过程定向，结果导向侧重于沟通协调的成效对标。依据目标、行为、结果的价值导向，使沟通协调正常地展开。

二是整体协同原则。创业的沟通协调涉及上下、平行和内外关系，通过沟通调节各种矛盾、协调各种关系，形成以创业为目标的整体性协同效应。为此，需要在整体协同原则下统筹兼顾各方关系，处理好整体与部分、长远与现实、主要与次要三大关系，通过化解矛盾、减少冲突、增进共识、形成合力，实现沟通协调整体效应的最大化。

三是平等对话原则。大学生创业的沟通协调是彼此的思想交流、双向互动、交换意见、互通信息的过程。实现有效沟通和关系协调，不能用以上压下、以强凌弱的方式开展，而应该以人格平等为前提，以平等相待、平等协商、平等对话的方式进行信息交换。所以，坚持平等对话的原则，才能使沟通更顺畅、协调更有效。

四是尊重为本原则。为了使大学生创业过程中的沟通协调卓有成效，必须坚持尊重为本原则。沟通协调中的平等对话是建立在相互尊重基础上的，尊重他人是本分、是常识、是境界。事实上，在沟通协调中你只有尊重对方才能得到对方的尊重、接纳、敬畏。因此，尊重是沟通协调的"硬核"，是实现平等对话的现实基础。

五是真诚相待原则。在大学生创业过程中，尊重与平等是互为前提和彼此支撑的，提倡尊重与平等不是形式化的口号，而是互动双方真诚相待和内在情感的真实表达，是双方是否真诚的心灵考量和检验。所以，在沟通协调中只有真心、真情、真意地以诚相待，才能建立牢固和长远的互信关系，使双向沟通更顺畅、关系协调更有序。

六是求同存异原则。沟通协调的实质就是化解矛盾和冲突，理顺内外创业关系。在这一过程中，求同存异是实现有效沟通协调的重要原则。求大同是以创业目标为导向，即共同追求的目标；存小异是不影响创业的前提下，在某一问题认识上存在不同的意见、看法和分歧。从辩证的关系看，求大同必存小异、存小异方可求大同，二者互为前提。

2. 沟通协调能力的提升路径

在大学生创业过程中，提高沟通协调能力，在战略层面上要懂技术、善经营、会管理，在管理层面上要学会先沟通、再协调、后管理，通过沟通协调能力的提升，实现卓有成效的管理。

第一，从提高认识到高度重视。《世界财富》杂志对世界 500 强企业高管的调查显示，造成创业失败最主要的原因是缺乏沟通协调能力。国家行政学院对领导干部的问卷调查显示，对列出的 10 种能力中，认为最需要培训的能力是沟通协调能力，占到 79.8%。由此可见沟通协调能力在管理中的重要性。提高创业者对沟通协调能力重要性的认识，需要从理论和实践上做出努力，认识是前提，实践在力行。从提高认识到高度重视，要求创业者在沟通协调能力提升上舍得投入精力、花费时间。提高认识在于消除头脑障碍，高度重视才会有创新举措，付诸实践才能体现知行合一。

第二，从目标导向到突出重点。提高创业者沟通协调能力应该围绕创业目标展开，目标是沟通协调的价值指向和行动指南。目标越明确，就会使沟通更到位、协调更有效。从创业目标导向到突出重点，关键是抓住影响内外关系不和谐、管理运行不协调的突出问题，而不是在枝节问题上纠缠不休。突出重点，就等于抓住了创业过程中的主要矛盾，主要矛盾解决了，其他矛盾就会迎刃而解。所以，实现有效沟通和协调，既要从目标出发，又要突出重点。

第三，从端正心态到主动沟通。大学生创业实现有效沟通协调需要双方放平心态，过于自我容易忽视对方的感受，过于自大容易引起对方反感，过于自卑容易缺乏自信，所有这些问题如果得不到解决，就会形成人为的沟通障碍和协调的羁绊，从而影响双方交流互动的正常开展。从放平心态到主动沟通协调，就要学会彼此尊重、平等对话、友好交流。经验表明，创业者只有持积极主动的态度，才能变被动为主动、化主动为成功。

第四，从巧于沟通到有效协调。提高沟通协调能力是大学生创业成功的必要条件。其中，协调巧于沟通，需要"因时"而巧妙地把握沟通时机、见机而行，"因地"而选择合适的沟通场域、相向而行，"因人"而采用不同的沟通方式、因异而动。从因时、因地、因人而异巧妙沟通到有效协调，重在营造良好的人际关系氛围，在协调创业内外关系中，把握快与慢、动与静、进与退、收与放、刚与柔的协调度，才能收到良好的协调效果。

3. 沟通协调能力的方法技巧

要想提高创业沟通协调能力，需要讲究两大法则：一是黄金法则，即"你希望别人怎么对待你，你就怎么对待别人"；二是白金法则，即"别人希望你怎么对他，你就怎么对待他"。两大法则既含有知己知彼主动应对的策略，又含有沟通协调能力提升的诸多方法、技能和技巧。

第一，倾听的技巧。在沟通协调中，倾听是一种品质，它具有获取信息、斟酌要点、了解对方意图和想法等多种特点，同时也是实现有效沟通协调的一种能力和技巧。国外有句谚语讲道：在交往沟通中用 10 秒钟讲，用 10 分钟听。提高倾听的技巧，一是用耳听，它强调听者要专注、洗耳恭听，才能获取完整的信息；二是用眼听，它强调听者要会神、察言观色，才能捕捉对方心理和情绪的变化；三是用心听，它强调心领神会，细品对方的心声，把握其中的要点。已有案例表明，在大学生创业过程中，实现有效的沟通和协调，听比说更重要，因此需要不断提高和掌握倾听的技巧。

第二，说话的技巧。在沟通协调的语言交流中，语言表达是一种能力也是一种艺术。提高说话技巧，一是语言要规范。开口说话要使用统一规范、语义明确、通俗易懂的语言，让对方听得明白。二是语言可调控。根据对象、场合、时间不同，选择合适的语气、语调、语速和语量，使对方乐意听。三是语言要简洁。语言表达准确、言辞简短、浓缩精练，讲究语言的时效。四是语言要生动。说话语言诙谐、幽默风趣，结合适度的表情和体语，吸引对方的注意力。提高说话技巧、讲究语言艺术对实现有效沟通协调具有积极的意义。

第三，交谈的技巧。交谈是沟通协调中听与说的互动过程。在双方交流中，一是先听后说，寻找共同感兴趣的话题；二是观察思考，把握切入话题的恰当时机；三是知己知彼，采取相互适应的方式和平等的心态进行交流互动；四是有效表达，坦诚交流，对事不对人，多提建设性意见，少提主张和决定；五是"双语"并用，结合语言表达，巧妙运用眼神、表情、手势等态势语言进行交流。在大学生创业的沟通协调中，交流是一种你来我往的双向互动，大学生必须掌握交流过程的各种技巧。

第四，协调的技巧。沟通的目的是消除冲突、协调各种关系。协调关系的方法和技巧，一是注重礼让。协调冲突关系需要尊重为本、礼让对方，这样才能成为一个受欢迎的人，打通有效协调的通道。二是学会妥协。协调是双向互动的过程，实现良性互动不仅要礼让对方，而且要以退为进，做出相应的妥协，为进一步协调留下充分的余地。三是增进合作。消除分歧、矛盾和冲突的协调是以创业为导向，协调双方做出让步，是为了进一步协同合作。经验表明，保持友好合作态度往往可以达到 1+1>2 的协调效果。

第十章

大学生创业的场域与资本

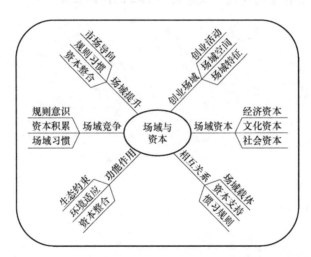

法国著名社会哲学家皮埃尔·布尔迪厄认为，资本只有在场域中才能发挥作用，不能脱离场域而存在。创业场域中充满着市场、资本、人才等多方面的激烈竞争，如果大学生在创业过程中，能够针对个人存在的问题，认清自己所在场域中的位置，并且遵守所处场域的规则，积累并合理利用资本，那么对提高创业成功率就会具有重要的推动作用。

第一节 大学生创业场域与创业资本

在创业过程中，场域中的位置决定游戏规则由谁掌控和操作，资本的总和越高，创业的成功率就越高。在创业活动的特定场域中，想要取得创业活动的成功，创业者需要具备创业意识和能力，还需要深化对创业场域和资本的认识。

一、大学生创业场域

关于场域的概念，法国社会哲学家皮埃尔·布尔迪厄曾说："我将一个场域定义为位置间客观关系的一个网络或一个架构，这些位置是经过客观限定的。"场域是一种具有相对独立性的社会空间，是一个存在各种力量和潜力、由各种关系构成的一个网络。

1. 创业场域是一个竞争的空间

场域可以被理解为现代社会发展到一定程度而分化产生的一个个"社会小世界"。每一个"社会小世界"就是一个场域，场域是由社会成员依照特定的逻辑共同建设的，是社会个体参与社会活动的主要场所。大学生的创业场域可被定义为依照一定的创业规则建立的，充满各种创业资源，是大学生参与创业活动的主要场所，是一个充满竞争且相对独立的空间。

2. 创业场域的基本特征

大学生的创业场域有三个基本特征：一是规则性。大学生创业应该遵守创业场域中的规则，规则会对参与者产生制约，并且影响他们在场域中的表现。二是复杂性。场域是一个独立的网络空间，但各种位置之间又存在着创业者与市场、创业者与社会、创业者与政府等各种复杂关系。三是大学生创业的场域中竞争十分激烈。在场域中各种资本不是平均分配的，参与者为了积累各自的资本需要不断竞争。

二、大学生创业资本

法国社会哲学家皮埃尔·布尔迪厄认为，资本是积累的劳动。创业资本就是指在创业场域中，每一个竞争者和行动者拥有的用以竞争的资源。创业资本主要包括经济资本、文化资本、社会资本、人力资本、心理资本和技术资本等。对于创业的大学生来说，最为缺乏的是经济资本、文化资本和社会资本。

1. 创业的经济资本

经济资本可以直接转换成金钱，比如货币资源和财产。大学生创业是高投入的市场行为，经济资本主要的来源是贷款和外部投资。虽然政府和社会对大学生创业提供一定的资金支持，但大学生获取这些资金支持的信息渠道并不畅通，创业初期经济资本往往不足。国务院在 2015 年就已经出台了许多关于创办企业在工商、信贷等方面的优惠政策，但大学生对于相关优惠政策的领悟不够透彻，对于财务报表和一些法律相关知识也比较缺乏。

2. 创业的文化资本

文化资本可以理解为知识、文化、文凭，这种资源的获取需要大学生亲力亲为。但是，大学生在文化积累过程中容易遇到一些问题，比如在大学期间，大学生更偏重于专业课程的学习，对于创新创业教育类的课程不够重视，且创新创业类的课程更偏向理论化，不能很好地结合实际情况，加之具有针对性的创业能力培养的实践课程偏少，使得学生缺乏将理论与实践结合起来的实战机会，造成大学生创业文化资本积累偏少。

3. 创业的社会资本

社会资本是个人或创业团队的社会关系、社会地位、声誉等可供利用的社会资源的总和，是大学生创业成功的关键因素。对于创业的大学生而言，社会资本主要由社会力量支持、社会活动营造、社会实践机会以及家庭鼓励四个部分组成。社会力量支持是指社会公共资源对大学生创业的支持，比如提供资金、技术、与专业人士交流的机会等。社会活动营造是指开展一些能够帮助大学生创业的活动，比如向大学生提供相关培训讲座、创建舞台让大学生有机会向投资者展示自己的创业计划书等。社会实践机会是指为大学生提供充足的实践机会。家庭鼓励更多的是来自精神层面的，家庭的支持能够让大学生在创业过程中减轻心理负担，产生积极影响，更能提升大学生的创业热情。

三、创业场域与资本的关系

在大学生的创业过程中，创业场域是获取创业资本的重要领地，因而充满了激烈的竞争。而创业资本只有在特定的场域才能发挥作用，不可能脱离场域而存在。由此揭示了创业场域与创业资本之间不可分割的关系。

1. 创业场域是资本整合的重要领地

对于创业者来说，创业场域是一个争夺有价值资源的空间场所，创业场域充满竞争性，经济资本、文化资本、社会资本等都会在这里投资、交换、积累和整合。不同场域中都有各自占主导地位的资本，比如在知识分子场域里文化资本占主导地位。对于大学生创业场域而言则要综合考虑经济、文化、社会、心理、技术等资本。

2. 创业资本利于创业场域的创新创业

在创业场域中，资本的数量、构成和资本的变化都会影响创业成功率。场域内是存在力量和竞争的，而资本是决定胜负的关键，资本的积累如果不考虑所处场域的特性，就难以发挥其功效。对于创业者而言，资本不仅是创业场域活动中重要的竞争目标，同时也是创业者用以竞争的手段。创业资本的整合、积累有利于创业场域中的创新创业。

3. 创业场域、资本、习惯的统一

创业场域、资本与习惯之间是相辅相成的关系。创业场域是资本整合的重要场所，创业资本又有利于创业场域的创新创业。创业场域中的生态约束影响着习惯的形成，同时促使创业者的习惯按照场域中的规则行动。而习惯又有助于将场域构建成一个更有秩序、更加规范的空间。因此，创业需要达成创业场域、资本与习惯的统一。

第二节　大学生创业场域资本的作用

在互联网化和全球化的时代背景下，创业者始终面临如何在竞争中生存下来这一问题。在创业过程中，创业资本的分配是不均匀的，因此会出现竞争不公平的现象。大学生创业者只有根据自身拥有的资本，选择合适的创业领域，才能提高创业的成功率。

一、创业场域的生态约束

创业场域的规则性决定了创业者会面临场域内的生态约束，可能是来自宏观环境方面的制约，比如地理气候、场域规则、经济环境等方面的约束，也可能是来自创业行业的约束。所以，考察一个创业项目是否有发展前景，一个关键的因素就是先了解企业生存的大环境，也就是要了解企业所处行业是否在国家政策的支持之列。有一些行业处于政策不能完全覆盖的灰色地带，这些灰色地带可以探索，但是绝对不能触碰政策底线。

遵守创业规则是创业者必须具备的职业素养。规则一般都是在长期发展过程中形成的，具有一定的稳定性，不遵守规则就无法按照正常规则去运行。因此，大学生在创业场域中要理性思考如何遵守创业规则这一问题，不能为了一时之利，触碰政策和规则的底线。在各个创业场域中，大学生创业者需要接受来自场域的生态约束，也就是

要遵守规则。

二、创业场域的环境适应

创业场域内的环境是一种客观的存在，它既要求创业者尊重规律、适应这种环境，又要求创业者不断创新去满足该环境下出现的新需求。了解创业场域内的需求，去发现环境之中尚未得到满足的或潜在的需求，才能利用这些机会推动创业。创业场域内的环境是一个充满商机的领域，而创业者只有洞察市场需求并与之相适应，才能抓住更多的创业和发展机会。

【案例】

快手——低调的短视频巨头

2013 年，微视、秒拍、小咖秀等短视频开始盛行，2016 年快手成为短视频领域全球第一的视频社交软件。自 2013 年开始，快手转向做短视频社交应用，2015 年，快手引入了人工智能系统，改进推荐算法，用户体验和效率得到了很大提高，日活跃用户量飙升至 1000 万人。2017 年上半年，快手累计注册用户达到 5 亿人，日活跃用户数量超过 6500 万人。快手的联合创始人都是技术出身，团队成员过半都是工程师，他们都是用代码沟通，用技术说话。因此快手的操作页面十分简捷，给用户带来了十分直观的体验。

（案例来源：根据艾诚《创业不死法则》案例改编，中信出版社，2017）

【案例分析】成功创业的关键在于对产品和服务项目的选定。究竟选择什么样的项目，取决于创业者对创业环境的熟悉和适应程度，以及对创业场域中客户需求的了解程度。快手之所以成功，是因为它了解所在场域的环境情况，抓住了市场需求。除了短视频的推出，快手为了方便用户在微博、QQ 空间记录生活，还开发了将视频转换为 GIF 格式的图片这一功能，精准地抓住了用户的体验需求。

第一，创业成功需要多种能力，例如观察与思考的能力、创新驱动能力、人际关系交往能力等。其中，洞察创业场域需求是前提。大学生创业者要了解创业场域中的市场需求，具备捕捉创业机会的能力。在现实生活中，创业机会有四个来源：其一是宏观环境的改变；其二是消费者未满足的需求；其三是新成长性企业的出现；其四是商业模式创新及新技术的应用。

第二，创业成功需要环境适应能力。优秀的创业者往往能够迅速适应新环境，捕捉到市场需求以及政策、技术等变化，并且通过这些识别把握创业机会。为了提高创业机会识别能力，创业者要有意识地提高自己的创业警觉性，培养信息收集和信息处理能力，挖掘重点创业领域的潜在需求，并不断把握消费需求导向以及政策走向，识别符合时代特征的创业机会，才会"创"出更长远的发展之"业"。

三、创业场域的资本整合

在创业场域中各类资本不是单一存在的，而是相互联系、相互转换的。创业者拥有的资本不仅可以积累，而且是可以再生产的。创业资本需要创业者主动积累，并且不断整合构建，这样才能不断提高创业的成功率。

【案例】

李永新与他的象牙塔

1999 年，毕业于北京大学的李永新与同学加入到创业的大军，成立了新兴伟业信息技术有限公司。幸运的是李永新与同伴们成立的公司在初期就获得了投资方的投资，不幸的是，当李永新与创业伙伴怀着满腔热情准备大展身手时，投资方以经营理念不同为由撤资了。但李永新及创业伙伴并没有因此而放弃创业的梦想。在投资方撤资后，李永新东拼西凑借了 3 万元，注册成立了象牙塔信息技术中心。由于初始注册资金仅 3 万元，公司运作十分困难，但李永新及创业伙伴在艰难的环境下依然充满斗志，李永新想到他和创业伙伴都是毕业于北京大学，而北京大学拥有优秀的学生与老师，这些资源是得天独厚的。于是李永新与创业伙伴就想到公司可以成立一个"高考状元全国巡回演讲团"的项目，让北大的高考状元将自己的学习经验分享给全国各个省市的学生，与学生们进行交流。这一个项目居然成功了，公司也靠着这个项目在艰难的条件下存活了下来，并且不断地发展壮大。慢慢地，公司主营业务开始多样化，比如 MPA 培训、司法考试培训、高考复读辅导等项目都逐渐开展起来。

（案例来源：根据豆丁网网站文章改编 http://www.docin.com/p-482989838.html）

【案例分析】在这个案例中，李永新选择的创业项目所在的场域是充满竞争的，在这个场域中，其面临的竞争不会因为你是学生就网开一面。大学生创业主要有两种类型：一类是服务创业，这种类型的创业核心在于服务内容的变化与革新；另一类则是科技创业，这种类型的创业核心在于新技术的产生。在案例中，根据李永新公司的经营理念，应该选择以服务创业为主。究其原因主要有以下几点：

第一，技术资本匮乏。文科类大学生如果选择科技创业，就必须在技术含量上占有优势。在科技高速发展的今天，想简单地通过一点技术革新就在竞争中占据一席之位是比较难的。李永新创立的公司并没有核心技术，加之创业团队的科研力量极其有限，很难创造出具有竞争优势的科技产品。如果李永新及创业团队具有创新理念和创新活力，选择服务业就有可能充分发挥自己的优势，在服务行业里大显身手。

第二，经济资本不足。大学生创业需要一定的经济资本，在这个案例中李永新及创业团队在创业初期不具备雄厚的经济资本，为了引资只能寻找投资人。但是引资也存在风险，一旦投资人撤资，企业将面临巨大的财政问题。可见，在大学生创业初期，整合资源得到足够的资金，对创业者来说是极其重要的。

第三，困境中崛起。就李永新的经历而言，企业初创期他们经济资本不足，但在困难中崛起又是一种创业精神，尤其是在困境中提升了李永新及其创业团队的各种能力，使他们借助新的创业项目取得了创业成功。大学生在创业领域选择时，应考虑其选择的项目在所处的场域中是否有竞争力，是否拥有应对挑战的资本，否则会给创业带来很大的风险。

第三节　大学生创业场域资本的整合

近年来，国家十分重视创新创业，为了鼓励大学生创新创业，出台了各种扶持创业的优惠政策，最终目的都是提高创业主体的创业成功率。大学生在创业过程中要学会获取和整合资源，在创业初期，已有的创业资源在没有被整合之前能够发挥出来的功效是极小的。因此，整合大学生创业场域的资本是提高创业成功率的必然选择。

一、大学生创业资本整合不足

当前，在创业场域资本整合中大学生主要面临以下几个问题：一是创业盲目跟风，不了解市场需求；二是创业环境复杂，创业规则意识淡薄；三是创业竞争激烈，创业资本积累不足。大学生只有正视在创业过程中遇到的困难，才能提高创业的成功率。

1. 创业盲目跟风，不了解市场需求

很多创业者都信奉"风口"理论，创造小米神话的雷军对"风口"概念是这么理解的：每一个经济周期的出现，每一次技术的变革，都会带来新的商机，站在"风口"处，就是站在趋势、潮流上，更是站在对未来市场规模的预期上。创业活动需要找到"风口"这一潮流，但是部分大学生认为"风口"就是机会，于是在创业过程中丧失了理性，盲目追寻"风口"，却忽略了市场的真正需求。

"风口"并不是一成不变的，风向变了，不少站在"风口"处的大学生创业者却还在原地。例如，盛极一时的人人网由于社交定位模糊、移动战略失败、产品运营能力匮乏等因素，错过了多个转型良机，用户数量一路走低，市值也一落千丈。因此，大学生创业者在创业过程中不仅仅要找到"风口"，更要观察风向的变化。

2. 创业环境复杂，创业规则意识淡薄

为提高大学生创业的积极性，各级政府相继出台了各种鼓励大学生创业的优惠政策，如贷款贴息、税收减免、降低登记条件等具体措施。但是目前依然存在一些问题：一是创业政策涉及的部门较多，比如贷款贴息涉及财政部门，税收减免涉及工商税务部门，登记涉及工商局等。由于很多创业的学生对不同部门的职能了解不清，在具体办理业务时常常进错部门。二是部分大学生创业政策具有临时性的特点。对于一些创业项目，财政支持的力度较小，审批程序也较烦琐，针对大学生创业项目虽然出台了税收优惠政策，但该类政策惠及面较窄。这些问题都将大学生所处的创业环境复杂化。

在复杂的创业环境中，大学生会出现浮躁心理。因为没有充分意识到创业环境的复杂性，只想迅速在创业场域中站稳脚跟，在这种心理驱动下，就容易不按创业规则出牌，导致创业规则意识淡薄。很多大学生在创业过程中，不愿意付出规则成本，为了一些短期行为或一时之利就不遵守创业规则，结果就是在创业场域中迅速沉沦。因此，大学生在创业场域中遵守创业规则尤为重要。

3. 创业竞争激烈，创业资本积累不足

在创业场域中，大学生不仅面临激烈的竞争，还存在创业资本缺失的问题，比如经济资本、文化资本、社会资本和心理资本的缺失。经济资本缺失主要体现在创业资金不足，很多大学生创业者都会遇到"融资难"的问题。文化资本缺失主要体现在个人涉猎的知识面不够广，例如工商管理专业的学生虽然具备良好的专业知识，但可能对法律知识了解不足，在签合同时面临一些法律问题，常常会一头雾水。

大学生创业过程中社会资本缺失主要表现在三个方面。其一，没有强大的社会力量向大学生提供资金、技术、专业咨询等公共资源；其二，选择创业的大学生由于没有在企业历练

过，他们缺乏管理和实践经验，没有丰富的人脉资源，更缺乏为人处世的方法。其三，很多大学生创业者，父母对其选择创业并不认同，得不到家人的支持。以上这些因素往往使大学生创业者更容易在创业的道路上碰壁。

心理资本缺失主要表现为在创业过程中遭遇打击之后，大学生个体心理状况低迷，对创业失去信心，对现实感到失望，因此就很难去适应艰难困苦的创业环境与瞬息万变的创业形势。显然，在创业场域中，创业资本的缺失会对创业绩效产生影响，也会降低创业成功率。

二、提高大学生的资本整合能力

党的十八大报告提出，全党支持青年创业，贯彻劳动者自主就业、市场调节就业、政府促进就业和鼓励创业的方针。在这一政策驱动下，大学生创业意愿空前高涨，但是创业成功的却只有少数。究其原因，主要是大学生在创业过程中不善于获取和整合资源。因此，为提高大学生创业的成功率，必须提高大学生的资本整合能力。

1. 提高大学生把握市场需求的能力

《人民日报》有文章指出，大学生创业需准确把握市场需求。作为创业者的大学生，开发的软件也好，生产的产品也好，没有市场需求，就没有办法进行赢利。就像足球比赛，运动员具备技术好、跑得快的优势，可是足球比赛的最终目标是把球踢进对方球门。市场需求是大学生创业的风向标，在创业场域中要了解市场需求，必须提高把握市场需求的能力。

第一，提高市场分析的能力。在创业场域中，要全面了解市场的需求，首先要求创业者要了解所在创业场域中消费者的消费偏好。近年来，短视频领域成为"风口"，短视频风行的主要原因是当下人们认为用短视频来记录和分享生活是一种更好的形式，消费主体有使用短视频的需求。要想掌握这种市场需求，创业者就必须提高自身市场观察和分析的能力。

第二，提高掌握消费需求的能力。创业者对市场需求的分析，旨在了解所在场域中消费者的消费水平。一般来说，消费者收入增加，将引起需求增加，反之亦然。只有了解创业场域中消费者的消费水平，创业者才能提供更符合消费者消费水平的产品和服务。

第三，提高创业市场定位的能力。成功的创业者必须要了解市场，重视与消费者的关系，以市场需求为导向来发展自身优势。据此，创业者的重中之重是要提高创造差异化产品与场域内区隔市场定位的能力，针对目标市场的顾客行为，制订或调整生产和销售的策略，最终使自身优势反作用于市场需求，使自己的产品更能满足市场需求，满足消费者的需求。归根结底，这才是大学生在创业场域中真正应该立足的。

2. 强化大学生运用市场规则的能力

在大学生创业场域中，市场化运作是有规律的，合规律的关键在于守规则、用规则创造价值。因此，提高创业者运用市场规则的能力，是提高创业成功率的必然要求。

第一，树立创业场域的市场规则意识。规则是企业生存之本，俗话说"没有规矩不成方圆"。在经济全球化和市场经济日益成熟的今天，各行各业的规则也日益完善。创业离不开法规的引导、保障和规范。因此，大学生创业者首先应该树立创业规则意识，在创业场域中按照创业规则行事，确保创业活动不会触碰规则的底线。

第二，强化创业场域的法律意识。市场经济是竞争经济，又是诚信和法制经济。大学生创业参与市场竞争，是在讲诚信、重法制的前提下开展的。其中"诚"可致远，"法"以保障。因此，运用市场规则促进创业，一是要把握场域市场规律，确定合规律的经营思路；二是遵循场域市场规则，改变不合时宜的习惯，依规而行、诚信经营；三是恪守场域市场法治，加强行业自律，知道该做什么，不该做什么，防止违规违法给创业带来灾难性的后果。

第三，提高运用规则和法律的能力。在创业场域中懂规则、讲法律是运用规则促进创业的基本法则，在这个约束条件下提高运用规则和法律的能力，一是要对市场规则进行深层透视，确定做什么、怎么做的问题；二是根据市场规则巧妙地使用市场运作技巧，找到打开市场的有效途径；三是要依法经营推进市场运作，同时又要学会运用法律保护自己的合法权益。

3. 提升大学生开发创业资本的能力

在大学生创业过程中，创业资本的不足是导致创业失败的重要原因之一。在创业场域，大学生创业应该开发利用多种创业资本。

第一，大学生应该多了解政府在大学生创业资金方面的优惠政策。据调查显示，63%的大学生的创业资金来自父母亲友的投资或贷款，许多家庭条件不好的学生对创业望而止步。资金难题一定程度上需要通过政府政策来解决，因此要多去了解各级政府有哪些创业基金援助创业大学生，缓解大学生创业资金不足的问题。

第二，大学生应该储备系统的文化资本，提升创业能力。大学生创业者，在读书期间，不断学习和积累专业知识，使这些知识能够灵活地运用到创业实践中。但行业经验缺乏是创业者的短板，所以大学生要多参加创业实践活动，在实践过程中找出自己的不足，积累经验，多与社会或企业界成功人士接触，与之多交流多学习，不断提升自身的创业技能。

第三，大学生应该储备积极乐观的心理资本，提高创业意愿。创业意愿也会影响创业成功率。自信、乐观是心理资本的组成要素，如果大学生认为当前的创业环境较好并且有利于创业，那么他们的创业意愿就会更高，相反他们的创业意愿就会低。因此，大学生在创业过程中遇到问题时，可以多和朋友聊天沟通，调节自己的心态，也可以借助一些培训或者讲座，通过学习来积累自己的心理资本。

第十一章

大学生创业团队与管理

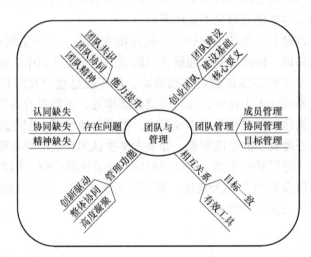

团队是指组织为实现某一任务目标，由相互协作的成员组成的集合。大学生创业团队的组建和管理，是门科学又是门艺术，如果团队管理能力不足，即便拥有好的创意和创业项目，也会因管理失常而影响到创业成功。所以，大学生创业必须高度重视团队建设，注重创业团队凝聚和整体协同，通过增强创业团队管理能力来提高创业成功率。

第一节　大学生创业团队与团队管理

团队管理是实现创业目标的一种组织化创业活动，团队管理的有效性直接关系到创业活动的生存和发展质量。因此，大学生在创业过程中，不仅要高度重视团队建设与管理，而且必须在创业实践中不断提高团队管理的能力和水平。

一、大学生创业的团队建设

在现实的创业活动中，大学生创业团队是指具有共同创业目标的人所组成的利益共同体、命运共同体，团队成员分工不同而又功能互补，共同围绕达成高品质的创业目标而协同工作。创业团队建设是指团队的组建与培育，是一个结构设计、功能优化的过程。

1. 共同愿景是团队建设的重要基础

共同愿景是指团队所有成员的共同心愿和未来图景，它作为团队建设的基础，为团队成员提供了一个共同的价值目标和使命感。众所周知，齐心协力、同心同德就是建立在共同愿景基础之上的。对于创业团队来说，共同的愿景能够让不同需求、不同动机、不同价值观的团队成员凝聚在一起，形成团队合力。已有研究表明，共同愿景是团队建设的基础，只有创业团队上下一心、同心协力，才能为实现愿景而追求卓越，获得创业的成功。

2. 角色互依是团队建设的核心要义

角色互依是团队建设的重要内容。大学生创业团队里的每个人，根据各自的专长，有明确的任务分工与职责角色，每个人既能独当一面，同时又必须依赖于他人。团队建设的好与坏是由团队履行的职责和团队成员之间的相互依存程度所决定的。一个创业团队在多大程度上实现互依，主要取决于成员之间的精诚团结、相互信任、彼此协同所形成的凝聚力。所谓高效的团队合作就是源于团队凝聚力所形成的，它是团队建设所要体现的核心思想。

3. 扬长优势是团队建设的价值取向

团队建设的价值是形成合力、弥补劣势、扬长优势、提质增效。团队建设的基础，是把具有不同专长的创业人才聚集起来，通过整体协同弥补不同成员的个性差异，补齐各自的短板，扬长各自的优势，使每一个团队成员都能够在团队建设中尽情发挥自身的优势，同时又能规避各自的短板，使团队建设在共同愿景和目标下实现整体效益最大化。为此，需要以团队愿景为目标，引入竞争机制，使团队成员全力以赴，为创业成功而共同努力。

二、大学生创业的团队管理

大学生创业团队管理，是实现创业目标的有效工具。基于创业过程中所形成的团队，运用团队成员各自的优势专长，鼓励成员相互合作，致力于组织有序化运作和发展。

1. 创业团队的成员管理

所谓创业的团队管理，实质上是对创业团队成员的管理。创业团队是由不同专长和优势的个体组成，所依赖的是个体成员的共同努力及其所做出的贡献而形成的集体智慧和成果。由于不同的团队成员专长不同，但又是为了同一个事业，因此如何激发每个成员工作的积极性、主动性和创造性，同时又能消除团队成员之间的分歧和矛盾，就成为团队成员管理的核心问题。为此，就需要每个团队成员明确创业目标和工作意图，制订团队规则和相应的标准，借助上下互动和有效沟通，使每个团队成员专注于执行，推动工作顺利进行。

2. 创业团队的协同管理

在团队管理中，为了让每个团队成员努力工作，还要充分发挥团队成员的协同作用，即协同管理。协同具有协作与合作之意，它尤为注重团队成员之间从共同的愿景和目标出发，彼此协同、相互合作，通过协同创新实现团队创业目标。据此，要求创业者在实施协同管理中，依照先沟通、再协调、后管理的内在逻辑，通过建立团队内部的良好人际关系，形成团队高度的向心力、凝聚力，实现整体性的协同效应和卓有成效的协同管理。

3. 创业团队的目标管理

创业团队的目标管理，需要建立一个相互依赖、彼此协同的目标体系，而这个体系就是依照目标任务在一定规则下把创业团队成员有效地组织起来，激励团队成员全力以赴，为实现目标做出努力。实施目标管理，首先，要求创业者为团队提出一个经过努力可实现的共同目标，为此需要打造一个为实现创业目标的利益共同体，使每个团队成员自愿为此做出奉献；其次，在目标实施过程中，建立有效的激励和竞争机制，在提高执行力的同时，激发团队成员的主动性和创造力，使团队成员在竞争中提高工作绩效。目标管理的要义，是以团队成员的工作绩效为考核目标，通过强化团队成员的工作态度，增强业务能力，提高创业成效。

三、创业团队与管理的关系

大学生创业团队是以组织化存在的，管理是一种有序化的活动。创业团队建设离不开团队管理，管理是提高创业团队协同力，实现团队目标不可缺少的工具。创业者要想实现创业目标，必须正确处理创业团队与管理的关系。

1. 管理是实现创业团队目标的手段

台湾中山大学管理学院陈常勇教授指出，创业团队管理是创业团队通过创新等手段，将资源更有效地利用的行为过程。这里面有两层含义：一是创业团队需要相应的管理手段；二是有效的管理手段有助于通过协调团队成员关系更有效地利用资源实现团队目标。

首先，管理作为实现创业团队目标的手段，是为实现创业团队目标服务的。在团队管理中，创业者从创业目标出发，一方面通过为团队成员施展个人才华创造条件，明确岗位任务和工作意图，为实现创业目标做出贡献；另一方面创业者通过有效沟通，协调创业团队上下左右的关系，使其形成共识、增进互信，依托协同创新和卓有成效的管理实现创业目标。其次，创业团队管理，重要的职能是整合内外资源，并使整合的资源得到有效利用。为此，就需要通过有效的沟通和协调各种内外关系，在整合内部资源的同时，还要通过建立起来的外部人脉关系整合外部资源。在此基础上，有效地配置和利用资源，实现有限资源效益最大化的创业目标。

2. 创业团队目标是实施管理的导向

大学生创业所建立起来的创业团队都有各自的创业目标，团队管理的目标策略应与创业目标相一致，所以，创业目标决定团队管理的价值取向，管理一定是以目标为导向的。

依据创业团队与管理的关系，创业者应为团队管理制订具体的绩效管理目标、管理行动计划和过程管理。其中，以绩效为目标的管理，在目标设计上，应该是量化的、可行的，同时还要具有可操作性，团队成员经过努力是可以实现的。管理的行动计划，就是把管理目标细分到每周、每日，对应具体的岗位和团队成员个人。管理的实施就是一个过程管理，通过有效的过程管理，实现既定的管理目标。可见，从确定管理目标到制订行动计划，再到过程管理，最终实现有效的团队管理，都是以创业目标为导向所实施的管理。

3. 创业团队与管理的统一性

创业团队的管理，是以创业为目标的有序化的组织活动。在组织化的管理中，管理作为实现创业目标的手段，在价值和目标取向上与创业目标是同向和一致的。创业团队通常由个人专长不同、志向一致的人组成，拥有一个共同的价值目标，这个共同目标由认同感形成激励作用，把个人目标融入创业团队目标中，并为实现创业目标做出一致性的承诺。在此基础上，通过卓有成效的管理、有效的沟通和协调，增进团队成员之间的相互信任，形成精诚合作的协同工作关系，并在协同创新中实现卓有成效的管理。由此揭示了创业团队与管理的内在统一性。

第二节　大学生创业团队管理的功能

彼得·德鲁克指出，"管理就是使一个组织不陷入混乱无序中"。创业团队管理，作为独特的工具和手段，是维系团队有序化运行的有效工具，并贯穿于创业活动始终。

一、团队管理的创新驱动

【案例】

<h3 align="center">点禾馅饼的发展</h3>

李科、刘曼、韩冰为郑州升达经贸管理学院 09 级音乐表演专业的学生，三人进入大学后便怀揣着创业梦一直做兼职，毕业实习期间三人奔赴深圳寻找创业机会。创业之初，周围的朋友和家人都劝他们积累沉淀后再开始创业，但三个人都怕错过机会，于是在倾尽所有后又找亲友借钱开始创业。2014 年 4 月，河南点禾餐饮管理有限公司在新乡宝龙城市广场成功开业。创业之初确实费时而艰辛，但他们不离不弃、协同努力。同时，他们也深知，管理好一个创业团队，必须通过创新驱动才能推动创业发展。目前，点禾馅饼单品经营店在深圳、河南、山东、江苏、山西、内蒙古等地有直营和加盟店 42 家。2016 年 7 月，创始人李科作为大学生创业典型代表走进河南省电视台向众多创业青年分享了其创业的初衷和艰难的创业历程。2017 年起，创业团队在点禾馅饼经营比较稳定的情况下，经过不断在创新中探索，又先后创立了岭南记忆、羊肉骨粉汤等餐饮品牌。2019 年 3 月，公司将点禾餐饮管理有限公司总部迁往深圳。在他们看来，创新最终来自市场客户的需求，只有将来自市场的需求在创业中转化为创新能力，才能通过创新驱动创造出消费者满意的产品。2019 年 7 月 10日，点禾馅饼走进深圳电视台，通过媒体让深圳人民认识了点禾。

（案例来源：根据郑州升达经贸管理学院校友数据库，《点禾馅饼的发展》改编）

【案例分析】虽然李科及其创业团队成员来自河南新乡的普通家庭，但他们在创业的道路上无所畏惧，一路向前，最终走向创业成功。这一案例的重要启示是创业离不开团队管理，更离不开创新驱动。

第一，大学生创业成功需要团队管理。李科三人组成的创业团队，有着共同的创业志向和目标，三人同级且同一个专业，在共同创业实践中，不离不弃所形成的团队凝聚力，是实现团队有效管理的生动体现。

第二，团队管理离不开创新驱动。创新是推动创业发展的根本动力，依托食品创新、管理创新，李科创业团队不断在食品领域摸爬滚打，推出一个又一个餐饮品牌，单品店遍布全国各地。李科创业团队的成功表明，创业如同逆水行舟，不进则退，但实现成功必须依靠卓有成效的管理和创新驱动。

二、团队管理的整体协同

团队管理注重绩效，团队绩效＝团队成员个人能力＋人岗匹配＋协同配合。这表明，团队业绩与团队成员个人才能的发挥息息相关，同时，更应注重团队成员的整体协同效能。因此，卓有成效的团队管理，以发挥团队成员个人专长为基础，依托整体协同为核心，形成巨大的聚合效应。

　【案例】　　　　　　　　　　　　　西天取经团队

我国古典名著《西游记》记载了唐僧率领徒弟前往西天取经的故事，描述了唐僧师徒协同合作，历经九九八十一难取得真经的过程。

书中由观音菩萨组建的这支取经团队，不仅注重个人专长，更关注整体协同。她选的第一个团队成员是沙和尚。虽然他能耐不是很大，但在团队中却起着重要的黏合剂作用，他曾多次化解团队内部矛盾，使大事化小挽救了团队。第二个团队成员，是功夫不是很高，但毛病不少的猪八戒。他为人憨厚却爱弄点小聪明，虽然在唐僧那里告猴哥的状，但关键时刻又能救悟空一命。他呆萌可爱、幽默诙谐，在团队中起着重要的润滑剂作用。孙悟空是在西天取经过程中挑大梁、干实事的专业人才。虽然他恃才傲物，总爱表现自己，但他功夫超强，具有与众不同的想法和独到的见解，靠一双火眼金睛总能发现别人发现不了的问题，同时，他还拥有丰富的资源，在危险时刻总能借助外力逢凶化吉。最后是团队的核心人物唐僧，他虽然生性胆小怕事，有时遇事难辨是非，但他去西天取经的意志最坚定，带领团队目标明确、长于用权、善于用人，是实现团队目标最为重要的人物。就是这样一群性格各异、截然不同的人组成的取经团队，却能在历经艰难征途上相互包容，为共同的目标协同一致，演绎出团队整体协同的强大力量。

（案例来源：根据崔岱远《看罢西游不成精》改编，东方出版社，2007）

【案例分析】上述案例表明：唐僧师徒性格鲜明，各有所长，最终在团结协作下，成功取得了真经。团队中的唐僧既是团队的领导者又是管理者，他前往西天取经，目标明确，意志坚定，不仅能稳定团队，而且能驾驭方向，是团队的主心骨、领航器。孙悟空、猪八戒和沙和尚各有所长，但又各有缺点。这个团队之所以能够到西天取经成功，不仅在于唐僧非凡的团队领导力，更在于团队整体协同的行动力。难怪西方有学者认为，最早阐述"团队"理念的是中国的《西游记》。这个案例对创业者团队管理有重要启示。

第一，创业团队管理的核心要义是整体协同。在团队管理中，团队成员的个体差异是绝对的，团队管理在于能够把性格各异、专长不同的人聚集在团队之中，并以共同的使命、愿景和目标作为努力的方向，在团结合作、整体协同中，形成整体大于各部分之和的协同效应，最终实现创业目标。唐僧团队给今天大学生创业团队管理的重要启示，一是在团队成员的竞争与合作中合作比竞争更重要，二是创业团队任何时候都不能忽视整体协同产生的团队效应。

第二，有效的团队管理关键是实现整体协同。在大学生创业团队管理中，实现整体协同，一是创业者在尊重团队成员个性特质的同时，必须让每个成员充分了解团队的目标，并为实现目标全力以赴；二是创业者要像唐僧一样，既要会用权，又要会用人，把不同的团队成员安排到合适的位置上，发挥各自专长，扬长避短；三是创业者要主动营造团结合作的氛围，形成协同创新的机制，推动整体协同良性运作。

三、团队管理的高度凝聚

在创业团队的管理中，团队的高度凝聚需要团队精神的支撑。团队精神的最高境界是团队成员在整体协同上形成凝聚力。团队成员的凝聚力，是建立在团队成员之间相互信任的基础上，是在团结合作、整体协同的过程中体现出来的。其中，所谓的成人达己，成己为人，不仅是一种态度，更是团队管理中整体协同高度凝聚的体现。

【案例】

凝聚效应：凝聚力越大，企业越有活力

具有"经营之神"的松下幸之助早年就提出"公司要发挥全体员工的勤奋精神"，并不断向员工灌输所谓"全员经营""群智经营"的思想，这个思想的核心体现着团队的凝聚效应。为实现这一目标，松下公司建立了提案奖金制度，不惜重金在全体员工中征集建设性意见。不过，建立这一制度的最重要目的，并不是花重金去获得提案，而是希望每个团队成员都参加到管理中来，每个团队成员在他的工作领域内都被认为是"总裁"。

正是由于松下公司充分意识到团队力量的重要性，并在经营过程中时时处处体现这一思想，所以松下公司的每个员工都视企业为家，把自己看作企业的主人。纵使公司不公开提倡，各类提案仍会源源而来，员工可以随时随地——在家里、在火车上，甚至在厕所里，都会思索提案。同时，松下公司与员工之间所建立的信任关系，使员工强化了为公司做贡献的责任感，从而焕发出高涨的积极性和创造性。由此形成的亲和力、凝聚力和战斗力，使公司不但从一个小作坊发展成世界著名的家用电器公司，而且成为电子信息产业的大型跨国公司，其成长速度之快和经营效率之高都令人惊叹！

（案例改编：根据《凝聚效应：凝聚力越大，企业越有活力》改编 http://blog.sina.com.cn/s/blog_be7893ef0101kkjp.html）

【案例分析】 上述案例表明，企业的活力、做事的效能和团队凝聚力呈正相关关系，松下幸之助之所以能将经营做到顶峰，离不开调动团队的积极性，增强团队的凝聚力量。其管理的过人之处，对大学生创业团队管理有重要启示。

第一，创业团队的管理离不开团队意识与团队成员的凝聚。在团队中，每个人在不同领域各有所长，对待同一问题，因角度不同可能看法不同，缺乏团队意识与凝聚力的团队，内部的矛盾与分歧将成为团队进步的第一阻力。聚是一团火，散是满天星，只有每个人都明白团队的目标，充分意识到团队力量的重要性，共同朝着既定的目标前进，才能将团队的效能发挥到最大，使团队具有创新活力，团队管理凝聚力也会越来越高。

第二，作为创业者，要想提高团队的凝聚力，应从团队文化建设的视角出发，精心培育团队精神。在这一过程中，依托团队精神建立团队成员之间的信任关系，同时为团队成员努力工作不断赋能，最大限度地调动团队成员的积极性、主动性和创造性。依托对员工的信任与授权，在相互协同中增强员工对团队的归属感与责任感，增强团队的凝聚力，通过创业者的积极引导和团队成员之间的交流互动，不断提高团队的凝聚效应，推动创业团队高效有序地运行。

第三节　大学生创业团队管理能力的提升

团队是由有着共同目标和在实现目标过程中在不同程度上相互依赖的成员组成的群体。打造大学生创业团队，离不开一定管理能力的支撑。提高创业者的团队管理能力，需要从问题导向出发，针对创业团队管理中存在的问题，以整体协同和优化为目标来提高团队管理能力。

一、大学生创业团队管理的缺失

大学生创业团队的管理，是门科学也是门艺术，它需要创业者设定团队愿景和目标，并使团队成员在认同感上达成一致；需要团队成员为共同目标的实现，彼此协同和努力；还需要团队成员具有团队精神，从整体上提高团队的凝聚力。但从现实情况来看，大学生创业者在这些方面还存在着不同程度的缺失。

1. 团队认同感的缺失

大学生创业团队的组建和管理，是以团队的共同愿景为目标的，以团队成员相互依存的认同感为基础，增强团队的认同感，需要建立团队成员的互信关系，在共同愿景的引导下形成团队成员的价值共识和价值共创。但从现实看，大学生创业团队认同感的缺失是一个不可回避的重要问题，主要表现在：一是团队成员之间缺乏互信。互信是团队成员相互依存、形成共识的基础。如果团队成员之间缺乏信任，就难以产生彼此认同；二是团队成员缺乏沟通。沟通是团队成员之间建立互信的重要手段。如果团队成员之间存在无意或无力沟通，会导致团队成员对问题的看法和想法分歧较大，难以形成价值共识。

2. 团队协同力的缺失

大学生创业团队的管理，既要注重团队成员充分发挥个人才能为团队做出贡献，更要注重团队成员之间的协同创新，形成事半功倍的协同效应。实现整体协同是团队管理的一项重要任务。但从现实效果来看，可谓是喜忧参半。主要表现有两方面，一是重个人轻集体。团队是由团队成员构成的集合，成员之间因共同的愿景而相互依存。但如果团队成员过于重视个人利益而使团队整体利益受损，就会使团队成员之间的彼此协同难以形成。二是重竞争、轻合作。团队管理的核心要义是整体协同，如果团队成员只注重个人在团队的表现，与他人竞争，使团队成员的合作形同虚设，就难以形成新的合作关系，导致整体协同弱化。

3. 团队凝聚力的缺失

在团队管理中，一个高效的团队是以高度的凝聚力为显著特征的。提高创业团队的向心力和凝聚力，需要借助创业文化，培育团队精神。在大学生创业过程中，团队凝聚力还存在着不同程度的缺失，主要表现在：一是团队向心力不足。向心力是团队凝聚力的基础，它需要借助团队愿景来增强团队成员的归属感。有了这种归属感，才能形成团队的向心力。如果团队成员在共同愿景上缺乏共识，就会导致团队归属感不足、向心力缺失。二是团队文化不足。先进的团队文化可以塑造以共同愿景为目标的团队精神，团队精神的外在表现就是团队的高度凝聚力。但由于创业团队先进文化建设滞后，造成创业团队精神缺失，从而导致团队凝聚力不足。

二、提高大学生创业团队管理的能力

大学生的创业团队管理，应从相互依存的共同愿景和目标出发，实现团队的良性运行。在协调团队关系和整合资源中，必须从问题导向出发，在提高创业团队的共识度、增强团队成员的协同性、打造团队精神等方面做出努力。

1. 提高创业团队的共识度

大学生创业团队的组建以团队成员相互依存为基础，遵循相互协同的原则，达成为实现共同的创业目标而努力的心灵承诺。为了提高创业团队的共识度，一是创业者要为团队成员提供一个具有创业愿景的创业目标。创业目标是团队成员共同努力的方向，对创业目标的认同需要通过上下充分沟通才能实现。二是创业者要与团队成员建立良好的互信关系。团队成员对创业愿景和目标的认同感，取决于上下互信的程度，它需要创业者与团队成员之间相互交流，形成团队成员以共同愿景为目标的价值共识。三是创业者要营造强化认同、形成共识的团队文化。它要求创业者以先进的文化理念为引领，为团队成员对创业目标的价值认同营造良好的氛围、提供更广阔的共识空间。

打造一个具有高共识度的团队，是创业团队成员有效共存的基础。创业者需具有以下能力品质：领导团队、设定团队愿景、吸引和发展团队人才、建立团队风格、建立有效的团队流程、打造团队文化、确保高质量的产品和服务。打造高效创业团队，必须从以上七种素质能力做起。

2. 提高创业团队的协同性

创业团队的整体性功能，是从创业目标出发，通过团队成员的个人努力和团队合作，实现创业的整体协同效应。据此，提高创业团队的协同性，一是要用先进的创业理念引领创业团队。一个有创业愿景的团队比没有创业愿景的团队产出的效绩要高很多。愿景可以凝聚团队成员的共识，也有利于团队成员协同创新，提高团队整体效能。二是在团队沟通协调中提高整体协同的效应。良好的沟通有助于增进团队成员相互了解和良性互动，有效的沟通协调有助于消除冲突、形成利益共同、价值共创的合作关系。所以，提高团队的沟通协调能力，有助于增进团队成员之间的友好合作，在团结合作中提高团队的协同性。三是践行创业团队的整体协同。在团队管理中要提高团队的协同性，既要发挥每个团队成员的专长，促进团体成员的合作，又要让每个团队成员自觉融入协同合作、主动发挥协同效应。

3. 培育和弘扬团队精神

优异的创业团队是以团队精神为支撑的，团队的精神力量是发挥团队优势、提高团队整体协同、保持团队凝聚力最生动的体现。团队精神的功能如图 11-1 所示。

图 11-1　团队精神的功能

团队精神分为三个层次。第一个层次是挥洒团队成员的个性，即为团队成员发挥专长提供平台；第二个层次是团队成员的整体协同，这是团队精神的核心，也是整体性要求；第三个层次是团队成员的凝聚力，即以团队精神激发团队成员的向心力和归宿感，进而增进团队成员的融合力、凝聚力。常言讲，"三个臭皮匠，顶个诸葛亮"，讲的是团队的智慧和创意大于个人的智慧和创意；"一个篱笆三个桩"，讲的是团队精诚合作才能形成强大的合力；"一个好汉三个帮"，讲的是团队成员整体协同，才能产生 1+1+1>3 的效应。上述表明，提高创业团队的协同效应，必须从培育团队精神做起。团队精神对于创业成功，正如中文在线董事长童之磊所言，如果打造的团队最富有凝聚力，最富有战斗力，它一定无往而不胜。

第十二章

大学生创业的项目与管理

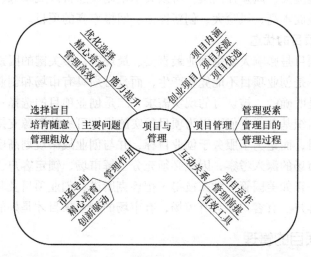

美国项目管理学家 Pual Grace 提出，当今社会中，一切都是项目，一切也将成为项目，重点在于如何选择。在大学生创业中，项目的选择和精心培育，是实现创业成功的重要前提。针对大学生创业存在着项目选择与管理的问题，以问题为导向，增强大学生创业项目选择与管理能力，是提高创业成功率不可忽视的重要问题。

第一节　大学生创业项目与项目管理

大学生创业是以创业项目为前提的，创业过程也是围绕创业项目而逐步展开的。深化创业者对创业项目内涵的理解，把握创业项目与管理的关系，有助于推进创业项目的管理和运作，有助于提高大学生创业项目的选择、优化、培育能力和创业水平。

一、大学生创业的项目选择

大学生创业一般起始于创业项目的选择。创业项目无论大小、技术含量高低，原则上都是在多个备选方案中优化选择的结果。创业项目的选择决定着项目管理的方向，甚至决定着创业的成败，因而对大学生创业成败的影响重大。

1. 大学生创业项目的内涵

有观点认为，项目是遵照某种规范及应用标准去导入或生产某种新产品或某项新服务。这种工作应在限定的时间、成本费用、人力资源及融资等项目参数内完成。这表明，项目与实践、成本、资源等要素相关，也与人们为此而持续工作和努力相关。也有观点认为，项目是一系列有计划、有组织的活动，有明确的目标规划、时间控制、成本把控及风险预测。每一个项目都有一组特定的干系人积极参与项目，并且各自的利益会受到项目的正面或负面影响。可见，项目对创业而言，它涉及项目选择和目标规划，还涉及实践、成本、风险评估和控制，以及追求项目开发的市场前景和最终成果。

2. 大学生创业项目的来源

大学生创业项目以创业为导向，其主要来源：一是通过创业者对市场的调查与分析从中所发现的市场机会；二是来自大学生创业大赛及其成果转化。由于大学生创业项目所涉及的制约因素多、实施难度大、风险控制难，所以大学生创业通常以成本低、风险小的创业项目居多，但也会有一些成本高、风险大、创新性强、回报率高的项目。

3. 大学生创业项目的优选

大学生的创业项目是影响大学生创业最直接、最现实、最关键的因素。创业项目的选择应满足以下前提：一是创业项目不能凭空产生，而是必须具有市场和创业发展战略的实际需求，这些需求应该是明确的，被认可的现实需求；二是创业项目的选择一定要具备相当的人力、物力、财力和组织基础，它们可以为项目的实施提供可靠的资源支持；三是创业项目不是为做项目而做项目，而是为了服务于创业目标，并与创业战略规划高度契合；四是好的创业项目往往来自对市场的深入考察，因此必须充分了解市场、锁定客户，因为任何创业项目大都来自市场客户，正如美国管理学家彼得·德鲁克所讲：创业项目及其商机的目的不在创造产品，而在创造客户。有客户才会有市场，有市场的创业项目才是好的创业项目。

二、大学生创业项目的管理

大学生创业是以项目为主导来开展创业活动的，离不开创业项目的管理，其中项目运作的经验和管理水平，以及所制定的原则、方法和手段，在很大程度上影响创业项目是否能够顺利完成。

1. 创业项目管理的要素

创业项目管理，有三个关键要素：一是创业项目所要达到的技术目标和相关要求，包括对创业项目预期成效的描述、衡量需求、完成计划、评估检验标准等；二是创业项目完成的时限，确定创业项目不同阶段及其时间上的衡量标准；三是创业项目的成本预算，为防止财务周转困难，要对创业项目完成所需的投入进行量化分析，提出稳妥、可量化的、可衡量的支持限度。以上三个方面是项目管理必备的要素，也是持续推进项目运行和管理必备的条件。

2. 创业项目管理的特点

创业项目的管理在过程控制的管理中，具有以下特征：一是创业项目的管理方式与创业组织环境密切相关，创业者及其创业团队组织的特质决定了创业项目的管理方式；二是创业项目的管理与前提目标相关联，项目的目标一定是可实现的，也是可量化和可描述的；三是创业项目的管理与可操作的程序直接相关，在严格意义上，创业项目是依照程序有序开展的，有序化程度决定了项目管理的成效；四是创业项目的管理与项目计划相关联，创业项目的计划方案是创业项目管理的基础和依据，其计划管理的水平对项目管理的成败有直接影响。

3. 创业项目管理的目标

创业项目的目标是由一系列具体指标构成的，包括预期完成的时间、成本费用、所需资源、风险控制、预期效益、不可控因素等。除创业项目的目标可量化、可实现、可操作外，还包括创业项目总目标下的技术目标的规格、标准等。规格主要指创业项目提供的产品或服务的特征，标准是指创业项目提供的产品或服务应达到的国家或行业标准的规范要求。

4. 创业项目管理的过程

创业项目管理又称为过程管理。它包括组建项目团队，一般由创业者及专长人士组成；确定创业项目的技术目标，包括项目规格和标准等内容；制订创业项目计划，由完成实现成本预算等内容组成；应对创业项目的变化，重点是根据外部环境变化对项目实施做出及时调整；控制创业项目进展，即对创业项目实施过程进行控制，使之根据预算按期完成。对创业项目的过程管理需要整体思考，依据不同阶段的关联性实现有效对接，谋求整体优化。

三、创业项目与管理的关系

大学生创业项目是大学生创业的优化选择过程，重点在于项目的选择。项目管理是对项目进行过程控制的独特工具，重点是控制项目的实施和转化。创业项目的选择是项目管理的前提，创业项目管理是对项目的过程控制，目的是实现成果转化。

1. 创业项目的选择是项目管理的前提

大学生创业首先要有好的创业项目，其次还要有好的项目管理。前者是创业者通过市场考察，或经过创业项目大赛的考量，对若干项目进行优化选择后，最终选定的创业项目。后者是在好的创业项目确定后，通过制订稳妥的实施策略，经过对创业项目关联性因素分析，对创业项目进行管理控制的过程。创业项目管理以创业项目为基础，创业项目的选择，既是项目管理的前提又是项目管理的发起，由此揭示了二者的内在逻辑。

2. 创业项目管理是项目实施的有效工具

大学生创业项目的选择都是优化选择的结果。在这期间，创业者需要对创业项目的机会和风险做出研判，对项目进行机会成本与机会收益分析，经过分析如果后者大于前者，创业者就会有信心把创业项目付诸创业实践。创业项目一旦确定，对项目的管理就显得尤为重要。因为项目管理是大学生创业项目实施的有效工具，创业者的管理能力决定了创业项目实施的有序化程度、资源调配利用水平以及项目实施的最终成效。可见，大学生创业离不开创业项目的优化选择，也离不开对项目实施的卓有成效的管理。

第二节　大学生创业项目管理的作用

大学生创业项目的选择与管理对创业成功有重大意义。其中，创业项目的选择决定了创业的领域和走向，而创业项目的管理对创业项目实施的有序化具有重要作用。

一、创业项目的市场导向

大学生创业项目的来源是多向的，有的是来自对市场考察发现的商机，有的是顺应新产业的兴起，在上下游相关产品或服务中引发的新创意，还有的是通过分析特殊事件、分析矛盾现象或作业程序所发现的创业点子。但不管创业项目是如何产生的，都必须以市场需求为导向，而最终能否成为创业项目，是由市场需求决定的。

【案例】　　　　　　　　王智晓创业成功的方法

　　王智晓是升达学院一位优秀的毕业校友，他在大学期间就开始创业。2015年，彼时王智晓还是升达学院大三的学生，他偶然发现数量庞大的学生快递全靠快递员在学校门口等待学生来取。经过考察，王智晓把"四通一达"5家快递公司引到学校的创业空间，并开发了公众号方便学生取快递，打通了校园快递分发的"最后一千米"。大学毕业后，王智晓一直围绕客户的痛点从事创业服务工作，还成立了企业服务公司，公司主要围绕企业管理、政策申报、产业孵化和创业投资为客户提供服务。他先后也担任了中国高校众创空间联盟创新创业导师、河南省科技厅创新创业导师、团省委青年创业导师、郑州市大众创业导师等职务。

　　（案例来源：郑州升达经贸管理学院校友会资料整理）

　　【案例分析】王智晓创业成功的重要启示在于坚持以市场为导向，从市场中发现创业商机，找准市场定位，实现创业项目最大的市场价值。

　　第一，坚持以市场为导向，结合客户需求与自身资源，找到发挥自己优势的项目。王智晓从创业者到服务于创业者的创业历程，再次证明创业项目的选择必须坚持市场导向的重要性，同时又结合作为创业导师的专长和优势，创立自己的企业服务公司，形成具有准确市场定位、有效运作的新商业模式，开启了为企业客户提供优质服务的新征程。

　　第二，在《人人都能成功》一书中，作者提到：选择创业项目原来并不困难，只是我们不懂得方法，就会觉得很难而已。方法是项目选择的手段或工具系统。在创业项目选择中，根据市场需求选择合适的创业项目，是方法的运用过程，也是对市场洞察力、判断力、决断力等能力的体现。可见，从市场需求出发，找到有效的方法，加上强大的能力，才有可能选择出最适合自己，又有助于创业成功的项目。

二、创业项目的精心培育

　　大学生创业大多属于机会型创业，其中也有不少属于开发型项目。但任何创业项目都是精心培育的过程。大学生创业项目也不应止于创业前的培育，还包括创业项目实施过程中的培育、完善和拓展，这样，才能为创业成功创造条件。

【案例】　　　　　　　　创办亚洲鲤鱼工业园

　　于泳琴，祖籍黑龙江，在美国肯塔基州创办了亚洲鲤鱼工业园，在创业成功的同时解决了美国当地的一个生态问题，成为当地的美谈。事情的缘由来自几年前美国肯塔基州的一个水域拍摄到亚洲鲤鱼的一个视频，由于亚洲鲤鱼过度泛滥，造成当地生态被破坏，尽管当地

专家想了很多办法，但收效甚微。于泳琴通过调查发现，亚洲鲤鱼泛滥与当地人的饮食习惯有关，当地人不食用鲤鱼，也不会烹饪亚洲鲤鱼，但在许多亚洲国家却把鲤鱼作为上好的食材。由此她萌发了开发鲤鱼项目的想法，2012 年，她在肯塔基州威克利夫镇创办了渔业公司，通过向当地渔民收购从密西西比河、俄亥俄河中打捞的亚洲鲤鱼，然后加工成冷冻食品再卖给亚洲国家。她的渔业公司每年可以销售 23 万千克冷冻鲤鱼，不仅解决了当地鲤鱼泛滥的生态问题，而且也为公司创造了巨大的利润。

在打造亚洲鲤鱼项目的过程中，她始终不放弃对项目的精心培育，不断拓展项目的市场空间，两年之后，在她的大胆尝试下，又把亚洲鲤鱼端上了美国的餐桌，拉长了项目的产业链。之后，为把项目做大做强，她又发起成立了亚洲鲤鱼工业园，并在威克利夫镇顺利开园。

（案例来源：根据央视 2019 年 4 月 22 日《华人世界》改编）

【案例分析】于泳琴从解决当地亚洲鲤鱼过剩产生的生态问题入手，从中发现了新的商业机会，果断做出开发鲤鱼项目的决策，在项目选择之后，通过精心培育不断拓展项目的市场空间，立足做大做强，又创立了工业园。这个案例说明，即便是好的创业项目，也需要创业者的呵护，只有在精心培育中，才能把好的创业项目做好、做大、做强。

第一，大学生创业项目的选择，要学会在创业机会中寻缘。机缘不是简单的凑巧，也不是所谓的运气好，而在于创业者对出现的各种市场变化的敏锐洞察力，有了这种洞察力才能在创业中先知先觉先行，依托创意和构想形成所需开发的项目。于泳琴的机缘巧合，在于她敏锐觉察到饮食差异化存在的商机，以鲤鱼项目作为事业开端，一步一步推动事业发展。

第二，大学生创业项目的成功需要精心培育。具有市场需求好的创业项目，不仅仅是一个创业的点子，这个"点"可能是一个点的世界，具有很大的市场空间，既可以拉长又可以不断拓宽。问题在于创业者能否精心培育。所以任何好的创业项目只有从"精"开始，才能把项目、产品或服务做到极致，形成核心专长和优势。也只有对好的创业项目精心培育，才能使创业项目收到更大的成效。

三、创业项目的创新驱动

创新驱动被认为是推动高质量创业的第一动力，它包括创业项目的研发生产、技术创新、项目规划与实施过程的管理创新等。提高大学生创业项目的质量和品质，要求创业者必须从创新驱动出发，不断提高创新创业能力。

【案例】

创新驱动下的"克明面"

陈克明原本是个木匠，1984 年由于工伤事故开始创业，选择的创业项目是做面条。由木匠转为做面条，源于他在一个面条摊上发现的商机，由此开启了他的创业生涯。做面条在别人看来并不是有多大创意和复杂的事情，但陈克明认为，如果做有品质的面条并不简单，这需要有创新意识和较真的劲头，认真钻研每一项技术。正是在创新驱动下，陈克明创办的克明面业股份有限公司（以下简称克明面业），到 2019 年 5 月为止已经发明有 100 多项专利。

在他的创业过程中，最初引进的日本设备由于存在一定的缺陷，每到最下面的时候就会在面上打一个折，而有折的面条会出现波纹，成品面在运输途中受压就会被压断。于是他开始技术革新，通过用不完全齿轮带动的方式解决了技术上的难题。这项技术的改进为公司带来了很大的经济效益。在此基础上，他对产品的包装又进行改进，用低压模型塑料包装代替纸箱包装，不仅可以防雨防潮，还降低了包装成本。正是在不断创新的驱动下，克明面业在2012年成功上市，上市后的大多数年份都能保持20%的增长率。为了促进事业发展，陈克明又做出新的战略布局，在俄罗斯建立原材料基地，在乌鲁木齐保税区建立工厂。而这一切发展不能不说是创新带来的创业奇迹。

（案例来源：根据 2019 年 5 月 10 日天津卫视《创业中国人》栏目改编）

【案例分析】陈克明的创业历程，揭示了创新驱动对发现一个商机、开发一个项目的重要作用。创新是创业的第一动力，创新的目的是驱动创业发展。陈克明从木匠到做面条，并成为上市公司的董事长，一路走来，是依靠技术创新推动克明面业从小到大、从大到强。这一创新创业案例，对当前大学生创新创业有以下重要启示。

第一，创新创业在大学生创业过程中是不可分离的。在大学生创业过程中，创新不仅仅引领创业，更重要的是通过创新去驱动创业。克明面业之所以能够不断发展壮大，其根本原因就是通过一项又一项技术革新、发明专利来驱动创业发展。所以，成功的创业项目最突出的特点，是创新与创业的完美结合，在价值提升上打造更好的自己。

第二，创新是大学生创业的永恒主题，也是创业项目选择和项目管理的必然选择。创业项目的创新驱动以创新精神和创业能力为核心，创新精神主要是积极主动开发培育产品质量和品质的内在力量，创业能力主要表现为善于独立思考、打破常规及其创新思维的能力。所以，在大学生创业中培养创新意识、善于求新达变的创新能力，是创业实践的一条成功经验。只有依托创新驱动才能有效解决创业过程中面临的各种困难和挑战，使创业走得更远。

第三节　大学生项目管理能力的提升

大学生创新创业的实施和持续推进，是以创业项目的选择、培育为前提，以项目管理的能力为支撑的。从目前大学生创业的现状看，还存在着项目选择不够精准，项目培育不够精心，项目管理不够精益等问题。所以，提高大学生创业的项目管理能力，便成为提高创业成功率不可忽视的重要问题。

一、大学生创业项目管理存在的问题

创业项目管理，是指在创业的特定环境中为有效的管理目标、明确的工作而制订一整套原则、方法、辅助手段和技巧。创业者项目选择与项目管理能力对创业成功至关重要，其能力素质的不足是制约大学生创业成功最大的障碍。

1. 项目选择的盲目性

在大学生创业过程中，创业项目的选择被创业者认为是最艰难的一步。理想中的创业项目要达到项目好、风险小、成本低、成功概率高，确实很难，它需要有与之相适应的项目选

择和研判能力作支撑。然而，由于大学生创业者项目选择能力的缺失和不足，导致项目选择不够精准。主要表现：一是缺乏对创业项目的深思熟虑，往往在缺乏市场调查的情况下，凭主观想象盲目做出选择；二是缺乏对创业项目市场风险的研判，在没有对项目市场风险做出充分判断的情况下，过高估计自己的能力做出选择；三是在缺乏对创业项目投入成本核算的情况下，受急功近利所驱动做出选择。创业项目选择不精准，导致了创业败多胜少的结局。

2. 项目培育的随意性

现在不少高校以扶持大学生成功创业为目标，以众创空间为平台，为大学生创业提供项目开发、风险评估、项目孵化、融资服务等多元化服务，为创业项目的精心培育提供了可依托的平台。尽管如此，还是有创业者对这个问题没有引起足够的重视，主要表现在有些创业者总认为只要创业项目好，创业成功就指日可待，对项目培育漫不经心、随心所欲，其不知即便是有好的创业项目，如果不精心培育，也难以落地，更谈不上创业成功；此外，也有一些创业者，知道项目需要培育，但在实际过程中又表现出极大的随意性，因而也难以使创业项目开发达到精心专一的要求。对创业项目精心培育，是为了更好地适应市场要求，通过对创业项目开发的可行性分析、项目孵化的革新优化，才能使创业项目成功落地。反之，即使是好的创业项目，如果不精心培育，也难以达到好的市场预期。

3. 项目管理的粗放性

项目管理是以创业项目目标为出发点，根据项目计划书具体实施管理的过程。项目管理的核心要义是精益化，通过创业项目的有序运作实现既定目标。而目前现实中存在的主要问题有：一是认识的缺失，不少创业者不了解项目管理的重要性，因而往往被创业者所忽视；二是管理粗放，也有一些创业者虽然对项目管理的方式和过程有一定了解，但由于对项目管理的过程不够精细，难以真正达到精益化项目管理的要求。事实上，在项目实施过程中，涉及许多环节及其影响因素，都需要通过项目管理加以解决。如果对创业项目管理过于粗放、不够精细，就会对创业项目的具体实施和过程管理产生不利的影响。

二、大学生创业项目管理能力的提升

大学生创业项目的实施，需要借助项目管理的方法和手段来解决项目实施过程中面临的各种问题。针对创业者在项目管理中存在的问题，应从创业项目的选择、培育、管理的视角出发，提高创业者的项目管理能力，有助于通过问题的解决来提高大学生创业的成功率。

1. 大学生创业项目选择能力的提升

创业项目的选择服务于创业目标，同时又可以归于项目管理中的项目发起。大学生创业项目的来源或构想很多，问题是如何选择既能满足市场需求，又能适合自己专长的项目。解决这个问题，最有效的方法是提高创业者的项目选择能力。

第一，树立市场理念。大学生创业项目的选择是与市场需求息息相关的，虽然不少项目可以来自专家的系统研究和发掘，但最好的项目还是来自创业者对市场长期的考察和体验。因此，大学生要想提高创业项目的选择水平，一是要牢固树立市场意识，把创业项目的选择定位在市场需求上；二是坚持以市场为导向，从市场出发选择创业项目，而不是从主观出发盲目选择创业项目；三是充分了解市场，通过对市场需求的充分分析，对项目选择做出思考。总之，大学生创业项目的选择应以先进的市场理念为引领，向市场要项目。

第二，深入市场考察。在大学生创业中，好的创业项目、创业计划一定是在市场调研基础上精选出来的。对创业市场调查，要通过考察的"看"、了解市场的"听"、对不确定事项的"问"，来获取更多的市场信息和客户需求，为自己的项目选择提供有价值的信息支撑。有一位从事乐器销售的音乐家，通过对市场考察发现，乐器销售普遍采取乐器齐全、提供维修和教学服务的商业模式，导致同质化经营，进入了利润薄弱的价格战。于是他深入到音乐会进行考察，发现其中大部分是既有经济基础，又有闲暇时间，还有对音乐追求的"银发族"。于是他提出了一个以"银发族"为服务对象的创业计划，通过举办音乐会、组建乐团、提供保健课程、举办联谊活动等服务培养忠诚客户，将乐器公司转型为一家"银发族"的社群服务中心，进而开展连锁经营，获取了丰厚的利润。这个案例表明，好的项目来源于市场，掌握了客户就掌握了成功。

第三，正确选择项目。在大学生创业项目选择中，如果说好的项目来源于市场，那么项目选择就是通过市场考察发现商机和对项目进行选择的过程。通常，在市场考察的基础上所选择的项目，一是要有明确的市场和创业目标，这就决定了创业者必须具有相应的市场考察、分析和辨识能力；二是所选择的项目创业者不仅可以为其提供必要的资源作为保障，而且其市场风险是在创业者可控范围之内；三是创业还必须具备与此相适应的成本分析和风险控制能力。可见，好的创业项目的选择，既要知道市场顾客在哪里，又要清楚自己应具备哪些能力，以能力为支撑提高项目的选择水平。

2. 大学生创业项目培育能力提升

创业项目的培育是以创业目标为导向、以项目选择为前提、以项目优化为目的，对创业项目进行精心培育的过程。以此为出发点，增强创业者的项目培育能力，是当前提高创新创业水平的必然选择。

第一，坚持以创新引领创业的价值导向。培育创业项目，应充分体现项目本身的创新性，尤其对机会型创业的大学生，要想提高开发项目的市场竞争力，必须把项目培育的重心落实在创新水平上。通过提高创业者的创新能力，进而提高创业项目的科技含量和创业质量。

第二，提高创业项目的孵化和培育水平。高品质的创业项目，无一不需要精心培育，创业者借助众创空间等项目孵化和培育的平台，为创业项目开发在人才、技术、资源、市场、政策和法律等诸多方面提供支持，通过不断拓展创业项目开发和培育的可能性空间，减少创业项目的市场风险，提高项目开发的质量和水平。

第三，加强创业者自身创业项目开发和培育能力。大学生创业项目的孵化与培育，首先要发挥创业者的主体作用。创业项目孵化是一个成果转化过程，同时也是创业项目孵化培育能力素质提升的过程。为此，创业者应提高市场导向下发现商机的能力，项目培育过程中的风险识别和风险控制能力，项目运作过程中的财务管理和成本分析能力，以及项目实施前后的领导管理能力等，通过创业者项目培育能力的增强，不断提高创业项目的成果转化率。

3. 大学生创业项目管理能力的提升

创业中的项目管理对新项目发起、新产品开发、新空间拓展，是一个不可缺少的组织工具。大学生创业项目管理的能力和水平，对创业成败的影响是最直接，也是最现实的。提高大学生项目管理能力，重点放在以下三个方面。

第一，提高项目管理的目标设计能力。创业项目管理都有明确的目标，它以有交付物、有预定完成时的成本费用、有预期完成日期以及有预定完成所需的资源及资产为特征。创业项目的目标设计,一是所设计的目标一定是可实现的目标,如果不可实现或太容易实现,就失去了目标设计的价值和意义;二是所设计的目标是可以量化的,尤其是涉及技术开发的项目,它由规格和标准构成,包括成本费用、所需资源和完成时限等,都需要量化来加以表征;三是所设计的目标是可以分解的,即项目总目标下可分为阶段性目标,局部子目标,这些子目标都是项目目标的组成部分,而且是可以描述的,用以项目完成后作为评估检验的标准。优化创业项目的目标设计,在此基础上提高创业项目设计的能力。

第二,提高项目管理的运作程序能力。创业项目管理涉及诸多复杂关系,如果处理不当,就会使项目管理陷入无序状态。项目管理的意义旨在整体上掌控各种复杂关系,通过清理和归类形成项目管理的有序结构。为此,在项目管理中,需要从创业项目管理的目标出发,建立有助于项目有序化运作的程序。其具体过程,一是对创业项目涉及的关联性因素进行系统分析,依照相对重要性进行合理排序;二是从项目管理的结构有序化要求出发,以关键要素为抓手形成结构合理、功能优化的项目管理模式;三是从项目管理运作程序的原则和要求出发,制订与项目管理模式相契合的、运作过程前后相衔接的程序,使项目管理合程序、按步骤地运作。项目管理的程序被认为是有效项目管理的核心,甚至可以说没有前后相连接的程序,就没有项目管理。

第三,提高项目管理的计划安排能力。项目管理的计划是项目管理和运作程序的基础。制订项目计划,实质上是将项目管理运作过程的项目目标,细化为可控的具体指标,实施有效的项目过程控制的活动。项目计划是一项严谨的系统工程,项目管理的成效 50% 以上取决于项目的计划管理水平。创业项目管理的项目计划制订过程如图 12-1 所示。

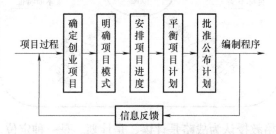

图 12-1　创业项目管理的项目计划制订过程

项目计划完成后,便进入具体的编制程序,根据程序进入到项目操作与管理过程中,通过处理偏差的控制使项目正常运行。项目完成后经评估验收达到设计目标,便可进入成果转化阶段。掌握项目计划的制订过程和要求,有助于提高创业者的项目水平和项目管理绩效。

第十三章

大学生创业的经营与战略

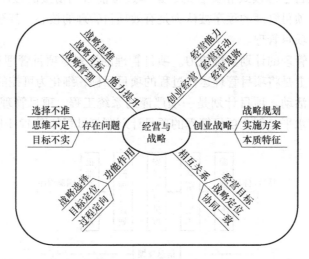

管理学大师明茨伯格教授认为战略是计谋、是计划、是一种定位、是一种观念、是一种模式，而战略的实现需要一步步经营完成。正确而恰当的战略目标和有效的经营理念及策略，决定了大学生创业的成败。大学生创业大多从小微企业做起，所以无论是谋求创业成功，还是希望所创企业从小到大、从大到强，都需要创业者深化对创业经营活动的认识，提高战略规划和战略管理能力。

第一节 大学生创业活动与经营战略

大学生创业所开展的经营活动，需要创业者具有强烈的市场意识和经营思路，知道自己的市场在哪里，并根据市场态势确定与之相适应的经营战略，进而开展生产或服务的经营活动。深化对这一问题的认识，有助于创业者审时度势把握创业方向，提高创业成功率。

一、大学生创业的市场经营

经营是创业者以市场为导向，为满足社会和消费者的需求，有计划、有组织地进行生产或服务的过程。只有以客户需求为导向，为客户提供具有附加值的产品或服务，才能不断提高企业经营活动的水平。

1. 创业者的经营思路

大学生创业无论是进行生产还是提供服务，都要具有清晰的经营思路。有关研究表明，"经营思路＝深入观察＋用心思考"。即创业者的经营思路，一是来自市场调查，以及对市场现状和变动趋势的把握；二是来自对市场调查相关信息的分析和思考。

第一，创业者的市场考察。有人讲，市场没有大脑也没有理性，它总是不确定的、动态变化的。所以，创业者经营企业必须对市场现状及其变动趋势进行深入的考察，为厘清经营思路提供实证支持。霍华德·舒尔茨在 1985 年创立了星巴克，其成功的奥秘在于：一是在店址选择上，把星巴克设在繁华城市交叉路口醒目的位置，租金虽高，但可以收到意外的广告效应；二是在消费客源上，因其所选店址人口数量大、流动性强，且多为来往商人，因此消费客源充足，并能带来良好的品牌效应。可见，成功的创业往往离不开对市场的考察，离不开创业者对消费者偏好的把握。

第二，创业者对市场的思考。好的构想来自创业者对市场进行深入考察且经过深入分析和思考形成创业的经营思路。例如，大家熟知的顺丰速递，1993 年在广州顺德创立，其成功的方法在于：一是在经营思路上找准创业定位，2002 年顺丰从加盟制转向直营制，在深圳设立总部；二是在经营思路上找准市场定位，顺丰一开始便按照客户特点来设计产品价格体系，把客户锁定在中端消费群体，使产品定位更加清晰。顺丰的成功说明，正确的经营思路和稳定的客户市场对创业成功十分重要。大学生创业必须要有清晰的经营思路，创造具有差异化的产品或服务，形成针对目标市场消费者行为的经营理念和经营模式。

2. 创业者的经营能力

大学生创业者经营企业，既要有先进的经营理念，又要有驾驭市场的经营能力。经营理念是企业开展经营活动的价值取向，也是企业追求经营业绩的基本信念。经营能力是在经营理念下，驾驭市场所具有的能力素质，它包括竞争与创新能力以及风险识别与控制能力等。

第一，竞争与创新能力。市场经济本质上是一种竞争经济，创业者经营的企业作为市场主体，离不开市场竞争。它要求创业者必须具有强烈的竞争意识和市场竞争能力，才能在激烈的市场竞争中立于不败之地。同时，还要求创业者具有创新精神和创新能力。创新意味着打破常规、突破现状、敢为人先、挑战未来，在创新中形成企业的核心竞争能力。著名经济学家成思危指出，发展市场经济首先要发展企业，发展企业首先要有具有创新精神的企业家，培养具有创新精神的企业家首先要抓好学习。因为企业既是市场主体，又是创新主体。

第二，风险识别与控制能力。企业是营利性组织，也会面临经营风险。所以，大学生在经营企业过程中也需应对各种风险，因此，人们又把企业经营称为风险经营。风险经营有五个关键因素：核心人才、关键技术、风险投资、管理绩效、文化塑造。从风险经营方面来说，大学生创业需要具有风险意识以及风险控制能力。也就是说，大学生创业者不仅要具有敏锐的创业机会识别能力，并且要具备创业风险识别和控制能力。所以，大学生创业应遵循"生于忧患，死于安乐"的古训，在强化风险意识的同时，提高风险控制和危机管理能力。

第三，品牌培育与推广能力。大学生创业，首先是能够发现市场和客户，其次才是生产能卖出去的东西，而不是卖能够生产的东西。所以，品牌培育和推广日益重要，具体包括：一是通过提升品牌的市场价值，来提升市场竞争力，为消费者提供高品质的产品；二是提升品牌的消费价值，提高服务竞争力，为消费者提供高品质的服务；三是提升品牌的放大效应，提高企业信誉竞争力，为消费者提供高品质的承诺。创业者开发产品和提供服务，应立足于品牌的精心培育，同时提高品牌的市场推广能力。

二、大学生创业的经营战略

战略的英文（strategy）来源于古希腊的军事用语，是指"将军指挥军队的艺术"。我国古代军事家孙武在《孙子兵法》中就提到，"夫兵久而国利者，未之有也。故不尽知用兵之害者，则不能尽知用兵之利"，这是对战略的内涵做出的诠释。"商业史学家"小钱德勒在《战略与结构》一书中给出了定义：企业战略是决定一个企业基本和长期的目标和目的，并为实现那些目标采取的一系列的行动和资源配置。大学生创业的经营战略是为实现创业成功而制定的长远的、方向性的战略规划，以及为实现这一目标而采取的一系列具体可操作的行动方案。战略规划决定了大学生创业的发展方向。创业者经营战略的实施旨在践行创业企业的战略使命和愿景，其战略执行能力在很大程度上决定了创业战略规划能否实现。

1. 经营战略的思考和规划

我国唐代文学家刘禹锡在《为淮南杜相公论西戎表》中提出的"计熟事定，举必有功"，其中"计熟"是指计划成熟，"举"是指发动战争。这句话说的是计划成熟，诸事安排稳妥，然后采取军事行动，一定能获得成功。在大学生创业中，计划成熟则需要对所要从事的创业活动进行详尽、完善、系统的谋划，尤其在创业初期更需要对经营战略进行系统的战略思考和规划：一是对企业的发展目标、发展方向、发展规模进行战略思考；二是对企业的产品定位、目标客户、业务领域、品牌塑造等进行系统规划。创业者只有制订翔实周密的企业经营战略规划，才能在竞争激烈的市场中站稳脚跟，为创业成功打下基础。

2. 经营战略的行动方案

古往今来任何军事行动开展之前，都要制订周密详细的作战计划，其优劣直接决定战争的成败。同理，创业者从战略制定到执行也需要一套完整的行动方案。企业经营战略的行动方案会涉及战略管理中的许多具体事项，决定着创业的发展方向。经营战略的行动方案具体包括：一是行动的目的、意义、内容、途径；二是行动的人员安排、资源配置、进程安排等；三是行动方案要达到的预期效果。同时，经营战略的行动方案是由一个或若干个行动方案组成的，需要多个部门共同努力去完成。

3. 经营战略的本质特征

大学生创业的经营战略，是为实现创业目标而做出的战略规划及行动，具有以下特征：一是超前性。一个创业组织的经营战略应具有前瞻性，能提前预测未来3～5年市场的发展趋势。大学生创业经营战略的超前性，是对未来创业发展可行性的一种预期，同时也决定了大学生创业的发展方向。二是可行性。一个创业组织的经营战略应当具有明确的可操作性。成功的经营战略应该是企业上下所有人员都能了解并执行，且在行动上同它保持一致。三是动态性。一个创业组织的经营战略是随着创业内外部环境的变化而变化的，并根据变化做出相应的调整。这种战略调整的目的是更好地适应变化，应对市场对创业带来的种种挑战。

三、创业目标与战略规划的关系

大学生创业都有相应的创业目标，并根据创业目标做出相应的战略规划，创业目标与战略规划相辅相成、互为支撑，缺一不可。创业目标决定战略规划的定位，战略规划为实现创业目标提供具体规划和定位方案。

1. 创业目标决定战略规划的定位

创业目标是创业者为追求长远发展、保持竞争优势而设定的标杆，对创业全部生产经营或服务活动具有导向作用。例如，华为的创业目标是在电子信息领域实现用户的梦想，并依靠点点滴滴、锲而不舍的艰苦追求，成为世界级领先企业。大学生的创业目标也是战略规划的目标，它决定了战略规划的定位和战略布局。

2. 战略规划体现创业目标

战略规划是大学生创业开展经营活动的策略，是为实现创业目标而制定的战略布局。例如，方太厨具的目标愿景是：成为一家充满活力、令人向往、受人尊敬的世界一流企业，不断为人类提供更新更好的厨房文化和生活方式，竭尽全力让家的感觉更好；同时让员工实现人生梦想，让社会得到极大回馈，让股东与合作伙伴充分受益。大学生创业的战略规划应服务于创业目标，体现创业开展经营活动所选择的方式、方法和手段，并作为经营活动的行动纲领。

3. 创业目标与战略规划协同一致

创业目标与战略规划关系密切。创业目标实际上就是创业经营活动的目标，它通过战略规划体现出来，成为创业活动的行动纲领。所以，创业目标与战略规划具有一致性，创业的经营目标决定战略规划，战略规划服务于经营目标。创业目标与战略规划的一致性有利于创业朝着共同目标前行，实现创业的长远发展。

第二节　大学生创业目标与战略选择

大学生在创业伊始就要设立明确的经营目标和战略规划，在创业者制订战略规划的过程中，要对战略进行选择、对目标进行定位、对过程进行定向，以发挥战略规划在创业发展中的引领作用。

一、着眼未来的战略选择

大学生创业的战略规划是着眼于未来的战略选择过程，它要求创业者具有前瞻性的战略思考和眼光，对不同的战略规划方案进行优化选择。

 **【案例】** ....

胡葆森——根植中原，造福百姓

胡葆森，生于 1955 年 6 月，河南濮阳人，毕业于郑州大学英语系。1992 年胡葆森从香港回到河南创业，同年创办了河南建业房地产开发有限公司（后发展为建业集团，以下简称建业），至今在内地累计投资超过 1000 亿。他创办的建业以"让河南人民都住上好房子"为企业使命。

胡葆森经商四十年，始终坚持"企业之于社会，如同大树之于土壤"的大树理论，提出了适合建业发展的经营理念，在战略规划的选择上，形成了独一无二的"建业模式"。在经营理念上，他提出"价值观为原点，能力为半径"的理论，为建业划定行业边界和市场边界；在价值目标上，他提出"伟大企业的四个统一"——即经济效益和社会效益、物质追求和精神追求、企业利益和员工利益、战略目标和执行过程要高度统一；在未来发展的战略上，提出"企业家的四个标准"——正确的价值取向+系统的经营管理理论体系+成功的商业案例+主动的社会责任担当。建业之所以能够创造今天的辉煌业绩，在很大程度上取决于胡葆森着眼于未来的战略眼光和战略选择。

胡葆森除了企业的成功，还投身于教育、体育、环保、慈善等事业，并先后获得"河南省优秀民营企业家""中原经济终身成就奖""房地产市场调控决策咨询专家""黄河友谊奖"等多项荣誉。

（案例来源：根据百度百科"胡葆森"事迹改编 https://baike.so.com/doc/1173887-1241662.html）

【案例分析】上述案例说明，凡是成功的创业者，尤为注重企业未来的发展，舍得在经营目标和战略选择上下功夫。经营目标和战略选择不仅影响创业者当下的发展，而且决定着创业能否成功和决胜未来。胡葆森的成功在于他提出的经营理念先进，战略思考超前，战略选择精准，从而使建业不断发展壮大，成为具备房地产开发企业一级资质的知名企业。

在大学生创业过程中，不同的创业者可能有不同的经营目标和战略选择，但只有正确的经营目标和战略选择，才有助于推动创业、实现创业成功和企业的可持续发展。所以，在大学生创业的经营目标和战略选择上，一是战略选择要与经营目标相一致，体现经营目标的指向；二是战略选择一定要着眼于未来，要看机会，不要看困难；三是战略选择不能只有一种方案，单一的战略方案无从选择，也无从优化，最好的战略选择一定是在多种战略方案中优化选择的结果。

二、战略选择的目标定位

在大学生创业和企业成长中，战略是事关创业成败和事业发展的关键问题。正如格力集团董事长董明珠的一句广告词：让世界爱上中国造。其思想源于格力集团"缔造世界一流企业，成就格力品牌"的企业愿景，这也是格力集团一直以来努力的目标和方向。清晰的战略选择和目标定位，使格力集团成为享誉海内外的知名企业。

王天尊——天启造物创始人兼 CEO

天启造物创始人兼 CEO 王天尊出生于 1985 年 12 月，毕业于北京航空航天大学，研究方向为智能机器人、无人机（无人飞行器）等。2009 年开始创业，并申请了智能机器人的相关技术专利，创业期间不断与各行各业的朋友交流讨论，希望将想法落实到具体的产品，并于 2014 年实现。

2018 年，成立自己的公司——天启造物机器人科技（苏州）有限公司，主要从事智能机器人、无人机（无人飞行器）等产品的研制与开发。他最初的创业目标是：解决荒漠地区的种树难题，瞄准荒漠治理的难点，打造出具有规模化效应的集群化机器人。2018 年王天尊的创业团队已经和阿勒泰地区林业局签署了 20 万亩，价值 3200 万人民币的种树订单。王天尊和他的团队最大的梦想是把荒漠种植机器人推广到"一带一路"沿线国家乃至全世界的荒漠地区，让那里的荒漠也绿起来，做人类地球家园的守护者。

（案例来源：根据搜狐网"创业家"故事改编 http://www.sohu.com/a/238214984_100188883）

【案例分析】大学生创业在选择发展战略时，一定要对产业发展现状和趋势进行认真分析，要选择有长远发展前景的领域。王天尊的战略定位是将荒漠种植机器人推广到全世界的荒漠地区，让那里的荒漠也绿起来，做人类地球家园的守护者。这个目标定位可以说既是长远的，又是具有发展前景和重大意义的。

大学生创业初期要有清晰的战略目标定位，即本企业要给消费者提供什么样的产品和服务，如何生产出符合消费者需求的产品。以此，大学生创业的战略管理过程，起始于战略目标的定位，它是在战略分析、战略选择、战略评价的基础上形成的。创业者在战略目标的定位上要做到：一是战略目标的定位要与经营目标和使命保持高度一致，体现创业经营目标的导向作用；二是目标定位要符合创业发展的实际，按规律办事；三是目标定位应具有一定的超前性和竞争性，并保持一定的竞争优势。

三、战略选择的过程定向

创业的成功，除了有明确的战略目标作为导航之外，还需要具备战略选择的过程定向，为实现战略目标进行"修枝剪叶"的行为，其目的是确保战略目标不走弯路。这就是战略的执行过程。军事上有句话：三分战略，七分执行。说的是执行能力强，有助于实现战略目标；执行力弱，就会偏离方向。

坚持七年才淘到第一桶金

周先生，1991 年在浙江义乌批发女性内衣，1998 年回到福州开女性内衣专卖店，经营内衣生意至今达 30 年之久，他说的最多的是"坚持"。

20 世纪 90 年代初，周先生开始经商，经过市场调查，他了解到内衣市场尤其是女性内衣的市场很大。1991 年他到浙江义乌批发女性内衣，一个大男人卖内衣，他自己站在店里都会脸红，用了一年才适应。1996 年，一个宁波的老客户一次性订购了十几万元的货，半个月后这个客户失踪了，他欠下巨款，但并没有就此倒下，他认准了品牌内衣的发展趋势。于是他高息借了 20 万元再次投资。1998 年，他在福州南门开了一家 80m² 的女性内衣大卖场，销售中高端及低端内衣，赚了 30 万元。1999 年，他代理了广东某品牌女性内衣，并在福建发展了 40 多家专卖店。但合同期一到厂家收回了代理权。没多久，他又代理了另一品牌的女性内衣。2003 年年底，法国梦特娇女性内衣登陆中国市场，周先生最终获得了法国梦特娇的代理权。后来周先生又获得了依之妮内衣的代理权，发展到了 100 多家加盟店。他最常说的生意经是"守得云开见月明"。

（案例来源：根据网络创业案例故事改编 http://news.959.cn/2013/0323/177657.shtml）

【案例分析】上述案例中周先生的创业经验是：做事要坚持，一个人在这个行业做不好，其他的行业也不一定能做得好，而只要全身心地投入，就有可能会做得好。周先生在创业过程中遇到了很多困难，但是周先生按照既定目标，坚持不懈地走下去，并最终取得成功。

创业战略过程定向并走向成功，一是创业者在创业经营过程中强化执行要懂得取舍，即集中精力解决关键问题，坚信"办法总比困难多"；二是既要"修剪枝叶"，也要坚定目标，即在战略执行过程中去除阻碍公司发展的繁枝，使之不偏离公司主道；三是要懂得坚持，"不经一番寒彻骨，怎得梅花扑鼻香"说的就是坚持的重要性；四是要学会不断总结和思考，避免在同一个地方跌倒两次的尴尬，总结和思考也有利于将经验转化为可推广的经营策略和方法。

第三节　大学生战略管理能力的提升

大学生创业从战略的制定到实施，是一个战略管理的过程，它可以分为战略分析、战略选择、战略实施与控制三个阶段。针对当前创业战略规划存在的战略思维不足、战略定位不准、战略目标不实等问题，以问题解决为导向有助于提高创业者的战略管理能力。

一、大学生创业战略管理的缺失

创业经营，听起来简单，做起来困难，这就要求创业者既要讲究经营之道，又要有百折不挠的精神。所谓经营之道，实质上是一种战略思考及创业者战略管理的能力。目前，大学生创业战略管理能力缺失，主要表现在以下几个方面。

1. 创业战略思维不足

战略思维是一个综合判断、预见和决策的思维过程，也是创业者处理全面性、长远性、战略性问题时，必须具备的一种能力。但在大学生创业中，创业者战略思维的不足主要表现在：一是由于大学生创业者缺乏创业经验，对创业面临的各种问题习惯从眼前利益出发，缺乏从未来发展做出战略思考；二是创业者对事物的认知不够全面，考虑问题缺乏系统性、整体性以及大局观念和全局意识；三是受既有惯性思维的影响和束缚，无法预判未来会遇到何种问题，对未来发展缺乏战略上的研判。

2. 创业战略目标不实

大学生创业时都有远大的理想，但是由于对战略管理缺乏深入的理解，无法制定出合理而可行的战略目标。战略目标是对企业战略经营活动预期取得主要成果的期望值，也是企业宗旨的展开和具体化，阐明和界定了企业经营目的、社会使命和战略展望。大学生创业的战略目标不仅决定了创业发展的方向，而且也决定着规划方案的制定和实施。目前大学生创业战略目标的定位存在的主要问题：一是创业者缺乏创业战略目标制订等方面的知识和经验，无法确定创业战略目标；二是不少创业者由于眼高手低、过于自信，使战略目标过于远大而难以有效实施；三是有一些创业者又过于缺乏自信，战略目标定得过低，使战略目标失去了应有的价值和意义。

3. 创业战略选择不准

大学生创业首先要有明确的经营目标，进而对创业战略做出正确的选择。战略选择是对创业及企业经营战略思考的结果，它需要在不同的战略思考中做出优化选择，这种选择是理性的，是具有战略性思考的，因为它事关创业的成败和企业经营能否长远发展。当前大学生创业战略选择存在的主要问题：一是创业者对创业战略选择的重要性认识不足，对创业战略选择未引起充分的重视；二是创业者缺乏战略选择的知识和经验，对创业和企业发展的战略选择缺乏正确的研判；三是创业者对创业的变动趋势缺乏足够的了解和认识，导致战略选择定位模糊，有失精准。

二、提升大学生创业战略管理能力

大学生创业的经营之道是一门具有科学性和战略性的学问，大学生创业者除了要掌握一定的管理知识之外，更重要的是要具备战略管理的能力，因而提高大学生创业战略管理能力，就成为提高大学生创业成功率的一门必修课。

1. 强化战略思考和战略思维的能力

2017 年 5 月 3 日，习近平总书记在中国政法大学考察时指出，青年时期是培养和训练科学思维方法和思维能力的关键时期，无论在学校还是在社会，都要把学习同思考、观察同思考、实践同思考紧密结合起来，保持对新事物的敏锐，学会用正确的立场、观点、方法分析问题。这一讲话精神，对当前大学生创业树立战略思维意识，提高战略思维能力，具有极其重要的指导意义。在战略思维能力提升方面，一是要把创业与思考结合起来，需要创业者自觉强化战略思维意识，打破原有的思维惯性，养成从战略上思考和把握创业未来发展的思维；二是把创业战略思考与战略思维结合起来，在创业实践中提高战略思维能力，用战略思维的方式方法解决着眼于未来的发展问题；三是把战略思维与战略规划结合起来，再从战略高度规划创业及企业未来的发展，提高战略思维能力。

2. 提高战略选择和目标定位的能力

提高创业战略选择能力，一是从战略思维出发，对创业及企业未来发展进行系统化的战略思考，有针对性地把思考与市场调查、内外环境分析结合起来，提高战略分析能力；二是在市场分析的基础上，学会运用战略思维，对不同战略进行比较研究，对战略选择进行评估，在这个过程中提高战略选择与战略评估的能力。在提高战略目标定位能力上，一是需要了解战略目标的构成，懂得战略目标设计的原则、流程和方法；二是在战略目标定位上，掌握目标设计的主要方法，它可以是自上而下的，也可以是自下而上的，还可以是上下结合的，创业者可根据需要做出选择；三是战略目标的确立，必须与经营目标相一致，其确立的流程是从调查分析开始，提出备选方案，评估备选方案，确定最优方案，并进一步修正完善。创业者需要熟知这一流程，掌握其中的方式方法。

3. 提高战略管理和执行的能力

大学生创业必须提高战略管理能力，因为它是创业者适应市场发展要求的必然选择，也是决定创业成败和能否可持续发展的重要保证。不少创业者认为，创业初期企业规模小，团队人员少、业务不多，因而也不需要什么战略管理，其实这是一种缺乏战略远见的想法。战略管理是大学生创业及其企业管理中最高层次的管理，从战略分析到战略评价，大致包括四个阶段，共同构成一个不断完善的战略管理过程，如图 13-1 所示。

图 13-1 表明，战略管理是创业者根据创业及企业宗旨对内外部环境的分析，确定企业发展目标和方向，制订企业总体发展战略的动态过程，包括企业发展战略以及产品组合、市

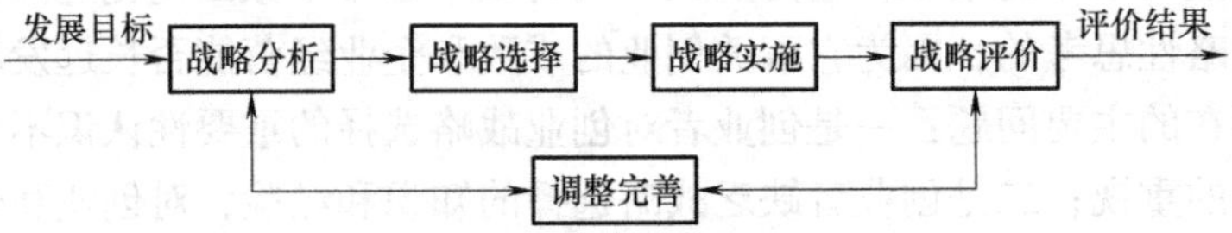

发展目标 → 战略分析 → 战略选择 → 战略实施 → 战略评价 → 评价结果

调整完善

图 13-1　战略管理过程的四个阶段

场竞争、技术创新、人才和财务管理等内容，涵盖了企业发展的全过程。提高大学生创业的战略管理能力，就必须掌握上述战略管理过程、不同阶段的能力要求，尤其是要提高从战略制定到战略实施的决策能力。

第十四章

大学生创业的管理与绩效

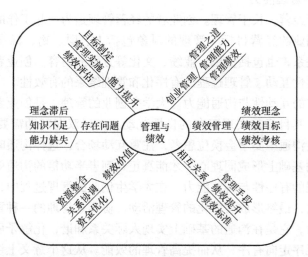

现代管理学家彼得·德鲁克在《卓有成效的管理者》一书中指出：管理者的工作必须卓有成效。这揭示了企业管理者和管理在企业成长中的重要性。大学生创业经营管理是以绩效为目标的，绩效是对创业者管理能力和水平的评价。以问题为导向、绩效为目标提高大学生创业者的管理能力，有助于在管理层面上提高创业成功率。

第一节 大学生创业管理与管理绩效

大学生既是创业者又是管理者，既要懂技术、善经营，还要会管理，使管理卓有成效。因此，大学生创业要对创业管理的内涵进行深层次透视，正确把握管理与绩效的关系，进而提高以绩效为目标的管理能力。

一、大学生创业的管理之道

管理是管理主体有效组织并利用其各个要素（人、财、物、信息、时间和空间），借助管理手段，实现组织目标的过程。在大学生创业中，管理是一门科学，也是一门艺术，更是一种能力，它可以通过创业者把分散的管理要素整合起来，不断创造新的竞争优势。

1. 大学生创业的管理释意

自美国管理学家泰勒（F. W. Taylor）在 1911 年出版的《科学管理原理》一书中提出科学管理理论以来，人们更深刻地认识到管理在企业成长中已成为不可或缺的东西。为此诸多学者从不角度对管理的内涵做出了诠释。

孔茨（Harold Koontz）认为管理是某种职能，意指通过别人把工作做好；西蒙（Herbert A. Simon）认为管理就是决策；穆尼（James D. Mooney）认为管理是一种过程；韦尔奇（Jack Welch's）认为管理就是沟通再沟通。可见，管理的内涵是极其丰富的，从不同角度出发，都可以对管理做出相应的界定，如果从管理作为一种方法手段来看，德鲁克认为管理是所有组织特有的和独具特色的工具。已有的管理实践也表明，成功的企业有一个共同的特点，就是管理有序。所以，大学生创业需要深化对管理内涵的认识，掌握管理这一有效的工具。

2. 大学生创业的管理能力

大学生创业始于经营，长于管理。创业者的经营管理是为一起工作的人创造一种高效的工作环境，以实现创业的经营目标。管理的对象包括人、财、物、标准、技术、资讯、市场、顾客等之间的关系，也包括信用、业绩、文化等方面的内容。创业者的管理能力体现在与管理对象之间的良性互动、管理过程的有序化和管理结果的有效性。

第一，管理双方的互动性与沟通能力。大学生创业的管理，是创业者和管理对象之间互相关联的互动过程，其目标是实现双向的良性互动。实现双向互动需要具备一定的沟通能力，因此，创业者在沟通中要学会换位思考，注重互动场合，选择沟通时机，坦诚相待，在不断增进双方互信的基础上形成同理心，才能真正达到事半功倍的沟通效果。

第二，管理过程的有序性与调节能力。在大学生创业的管理过程中，沟通是手段，协调组织内外关系是目的，最终形成有序化的管理活动。协调是管理的一种重要职能，也是创业者应具备的一种能力，它是在沟通的基础上实现人际关系和谐，化解矛盾，消除冲突，使创业活动内外关系从无序走向有序，从而提高管理的效能。从这个意义上讲，真正的管理是通过有效沟通和协调实现的。

第三，管理活动的有效性与调控能力。大学生创业管理活动是一个反馈调节的控制过程，因而管理过程的调控能力也是创业者实施有效管理的必备能力。管理是管理者从管理目标出发，借助沟通协调作用于管理对象，产生的管理效能作为反馈的信息，通过反馈通道作用于输入端，与目标信息进行比较产生差值信息，对下一次的管理活动进行纠偏，形成反馈调节控制的过程。由此循环就可以提高管理的效能，不断实现管理目标。

二、大学生创业的绩效管理

绩效管理就是以绩效为目标的管理。"绩"是指最后达成的业绩，"效"是指最后达到的成效。绩效管理是现代企业非常有效的管理方式，也是创业者要注重的一种管理能力，这种能力包含以下管理品质。

1. 绩效理念

实施绩效管理，理念要先行，即创业者在实施管理中，一是要树立正确的绩效观，对企业或团队的管理要以绩效为导向；二是要确立科学的考核观，对员工的考核应以公平公正为前提；三是要制订合理的分配观，对员工的考核应承认差别、绩效定酬。所以，倡导和实施绩效管理，必须以先进的绩效理念为引领。

2. 绩效目标

绩效是评价管理对象工作业绩的一种指标体系或一种尺度，它实质上是用以衡量管理对象的业务能力、综合素质、贡献大小及岗位胜任力的一种基本依据。同时，绩效管理一定是以绩效为目标的管理，没有绩效目标就没有绩效管理。绩效管理的绩效目标一定是可量化的指标体系，没有量化指标也无从绩效管理。绩效管理指标设计的原则：一是可激励性，即指标要有导向、牵引和激励的作用；二是可衡量性，即指标定位清晰、任务明确、便于衡量统计；三是可实现性，即指标设计不能过高或过低，避免造成人员的挫败感或骄傲感，指标设计又要具有一定的挑战性；四是相关性，即指标设计要与创业目标和岗位职责相关联；五是时间性，即所设计的指标应有具体明确的时间要求。

3. 绩效考核

绩效管理与传统人事管理不同，传统人事管理是从"工作中的人"出发，习惯把人看作成本。绩效管理是从"人的工作"出发，其价值判断是把人看作一种重要资源。所以，绩效考核的真正意义，是指考核要求和指标聚焦于管理对象对组织的贡献，即它不仅关注结果，而且关注取得结果的过程，更关注考核对象取得绩效的行为、能力和素质。在这个意义上，可以把绩效看作：绩效 = 态度+能力+业绩。

三、创业管理与绩效的关系

德鲁克先生说：管理是一种实践，其本质不在于'知'而在于'行'；其验证不在于逻辑，而在于成果；其唯一权威就是成就。大学生创业要将创业机会转化成现实，必须注重管理绩效的提升。缺乏绩效的管理是没有意义的，同时，企业管理绩效的提升也是衡量管理是否有效的标准，两者存在不可分割的密切关系。

1. 创业管理的最终目的是实现绩效提升

北大教授陈春花说：管理的作用体现在持续增长，组织研究管理的原因是让产出增加，效率更高。由此可见，创业管理的最终目的是通过提升管理绩效促进创业成功。在组织中，管理往往需要付出大量成本，甚至很多情况下无法直接产生经济效益，恰到好处的管理对提高创业成功率至关重要，但缺乏绩效的管理不仅会带来资源的浪费，而且还会影响到创业的成功率。据此，以创业为目标的管理所揭示的内在逻辑关系表明，绩效是创业管理的目标，管理是提高绩效的重要手段。

2. 绩效是衡量创业管理水平高低的标准

在绩效管理中，管理必须要有结果检验和外部评价，不能凭主观经验去判断其有效性。绩效是衡量企业产出水平及创业效果的重要指标，能够切实反映出创业企业达到目标或完成任务的具体情况。著名的绩效管理工具平衡记分卡（BSC）将衡量企业绩效的层面分为财务、顾客、内部运营与学习发展。中南大学教授沈超红通过研究将创业绩效分为企业生存、企业成长、员工承诺、客户信任四个方面。这两者衡量企业绩效的角度基本一致。创业企业的竞争力和创新性如何？创业企业是否具备风险承担能力、机会识别和运用能力？这些都是创业管理评价的重要方面。通过创业企业绩效评价，可以了解企业管理的水平。明确创业企业绩效指标，对创业管理开展绩效评价提供依据，为创业管理指明方向，对创业管理具有指导和约束作用，是衡量创业管理有效性的重要标准。

第二节　大学生创业管理与绩效价值

管理的核心价值是激活人，实现人、事、资源综合运用时的最大化产出。创业管理系统由冒险精神和团队精神、创新活力、执行能力共同组成，通过系统实现对机会、资源、环境和团队等的把握。绩效管理的核心价值有两个：一是帮助组织落实战略目标，提升盈利能力，进一步打造核心竞争力；二是帮助组织和员工建立绩效合作伙伴关系，促使员工个人绩效提升，实现组织价值。通过创业管理实现创业企业绩效提升，形成企业核心竞争力。

一、绩效管理的资源整合

创业绩效管理是创业者通过协调组织内外关系和资源整合，帮助创业企业获取成效的一种特殊工具。创业绩效管理的根本职责之一是通过整合创业企业资源，用先进的科学管理方法促使创业企业取得成功。作为创业者，只有善于将各种资源进行有效整合，做出正确的决策，才能提升创业管理绩效，提高创业成功率。

 【案例】　　　　曹璞——中国虚拟偶像洛天依背后的创业者

曹璞现任天矢禾念娱乐集团（以下简称天矢禾念）董事兼总经理，该公司运营具有公司独立产权的中文 VOCALOID 虚拟形象——洛天依。2012 至 2014 年洛天依发展迟缓，日本人龟岛则充买下了洛天依等的 IP 版权，运营一段时间后仍没有起色。作为龟岛朋友的曹璞开始帮助其解决运营问题，依靠自身开朗的性格、丰富的经历和不可思议的人脉，让龟岛成功投资周星驰的电影《美人鱼》，取得了很大成功。投资后天矢禾念又面临资金短缺问题，于是曹璞四处融资，这时周星驰将曹璞介绍给了国内著名玩具厂商奥飞集团的董事长，恰好奥飞集团希望进军二次元产业，对洛天依很感兴趣，自此曹璞开始直接管理天矢禾念，她重新组建团队，并充分发挥现有资源做活洛天依。曹璞首次引人注目的亮相是在湖南卫视小年夜春晚上，通过与湖南卫视合作，成功打破次元壁，使洛天依获得空前关注，Bilibili 和启明创投投资天矢禾念。在曹璞的支持下，天矢禾念从 2016 年开始积极拥抱主流，稳固核心用户，逐渐成为成熟的商业公司，2019 年天矢禾念已经获得动漫产业的先驱——"奥飞动漫"战略入股。

（案例来源：根据易创业邦故事改编 http://www.cyzone.cn/article/174938.html）

【案例分析】资源整合是创业者战略调整的手段，也是企业管理的日常工作。赤道网创始人张东强在《资源大整合》一书中提到：领导者就是整合者，最好的领导者就是最好的整合者，企业 90% 的资源来自整合。充分有效的整合和利用资源是创业长远发展的关键。

高效的资源整合是新创企业形成核心竞争力的有效保障，对企业绩效的提升具有促进作用，推动着新创企业成长和发展。因此，创业者必须运用创新思维，提高自身整合能力：一是创业者要尽可能多地发现和确定可供整合的资源提供者，培养一双善于发现资源的眼睛，及时捕捉到可供企业利用的资源；二是创业者要充分利用人力、社会等关键资源的杠杆效

应，来实现自己企业绩效管理水平的提升。资源整合是一个动态发展的过程，良好的资源整合能够提高企业对资源的管理水平，进而形成企业的核心竞争力，提高创业绩效。

二、绩效管理的关系协调

绩效管理的另一根本职责是通过协调组织关系取得成效，尤其是协调管理好组织内部关系。创业者卓有成效的管理，对提升管理绩效至关重要。创业者如果能在创业初期就把公司的价值观、使命以及机会分享给员工，那么这个创业者可能真正具备了企业家的气质。

【案例】

精品民宿提供商——城宿的团队打造

北大硕士毕业的谭胜虎于 2017 年创立城宿，致力于精品民宿一站式托管服务。从 2018 年 1 月开始，城宿实现了加速扩张，进入了国内 21 个热门城市。业务的高速发展来源于一个高度融合的团队。创始人谭胜虎有过多次互联网行业创业经历，曾在世界 500 强企业及互联网上市公司担任高管，创立了北京第一家房东联盟；COO 吴迪曾是美团的前 15 号员工，很早就成为 Aribnb 的房东，体验过全球 50 个城市的特色名宿，对民宿行业发展有比较深的了解；开发总裁肖鞠，曾是维也纳酒店集团开发公司总裁，带领维也纳团队在中高端酒店连锁化的加盟拓展工作中取得了傲人的成绩，她拥有 15 年的开发管理经验；伯克利毕业后在硅谷工作、创业近 10 年的资深设计师 Jeff 在加入城宿前曾独立创立家具电商品牌 LUX，现在带领城宿设计和供应链团队快速实现设计品质的升级及供应链体系的完善和优化。除此之外，城宿里还聚集了互联网创业、酒店管理、房产投资、室内设计等行业的专家，同时他们也是经验丰富的个人民宿房东。最懂民宿和互联网的一群人共同创造了城宿快速发展的奇迹。

（案例来源：根据创业邦网站文章改编 http://www.cyzone.cn/article/485645.html）

【案例分析】 创业者协调好组织内部关系是企业绩效提升的关键。Facebook 创始人扎克伯格说："作为一个想创造些什么出来的创业者来说，真正需要的是一个优秀的团队。我把所有的时间都花在了创建团队上。"高效创业团队管理的前提是创造一个各部门间相互合作、良好沟通、有效协调的组织文化和氛围。

初创企业成长的关键是精准执行创业愿景，良好的组织关系是创业愿景得以有效执行的前提。创造良好的组织关系要做到两点：一是创业者要在团队内营造一个互信互助的工作环境，创业团队成员要有共同的价值观和目标，相互信任和帮助，共同应对管理过程中的各种问题，这样才能使企业保持良好的发展态势；二是创业者要在团队中营造一种科学考核的绩效理念。德鲁克说："有效的管理者，懂得如何把平凡的人组织起来，做出不平凡的事情。"树立绩效理念，能做到物尽其用、人尽其才，充分激励和调动团队成员的积极性，使其在创业合作的过程中不断成长。

三、绩效管理的资金优化

管理大师德鲁克认为"企业是一个经济组织，利润是企业的目标，盈利是首要法则"。资金的优化管理是绩效管理的重要内容，财经作家吴晓波在《大败局》中详细剖析了著名企业"中国式失败"的原因，其中运营资金管理不善通常会导致创业企业陷入危机，走向失败。可见，充足的资金和有效的资金管理是创业有序发展的保障，也是提高创业成功率的条件之一。

ofo 共享单车的资本危机

创业公司 ofo 作为共享单车的领头羊，在共享企业中是比较成功的。2018 年年底，在经历了三年的"超快加速"后，ofo 遭遇重大"车祸"，从全球增长最快的创业公司之一沦落到了濒临破产的地步，公司面临巨大资金压力。ofo 模仿滴滴出行的方式创立，在创业之初迅速筹集了逾 22 亿美元的资金。为了领先众多模仿者，ofo 迅速扩张到了数十个中国城市，并进军美国和欧洲市场。ofo 采用的是激进的市场策略，需要投入大量资金，大规模的扩张使 ofo 欠债很多，大量用户开始申请退还押金，这给了本就资金紧张的 ofo 致命一击，企业陷入经营危机。

（案例来源：根据界面中国文章改编 https://www.jiemian.com/article/2725900.html）

【案例分析】大学生创业管理过程中，如果缺乏对资金的有效管理和使用，将可能导致资金链断裂，甚至影响企业正常生产经营，这必然会导致企业无法获得利润，最终走向失败。

历史的经验不能忘记，对资金优化的绩效管理要做到两点：一是创业初期充分的调研、准确的定位和强大的数据支撑很关键，否则往往会导致资金使用过程中分配不合理，产生浪费，阻碍创业进程。二是创业初期精心的财务规划和合理的财务预算必不可少。如果各种财务管理措施如成本、费用控制等不完善，资金使用往往比较盲目，特别是资金预算往往缺乏对意外事件的考虑，这就比较容易降低资金的使用效率，出现资金链断裂等问题。因此，创业者有必要建立有效的资金使用和管理优化机制，保障企业资金正常运营。

第三节　大学生绩效管理能力的提升

已有的创业经验表明，创业者在绩效管理理念、绩效管理知识、绩效管理能力上存在的问题，是导致创业成功率不高的重要原因。因此，坚持以问题为导向，有针对性地提高创业者的绩效管理能力，有助于提高管理绩效，进而提高创业成功率。

一、大学生绩效管理存在的问题

陈春花教授在《管理的常识》一书中提出，"管理的目标来源于对问题的发现"。新时代的大学生创业者往往具有较强的创业激情，能够接触更多先进思想和知识，思维活跃，具备较强的创新意识，并且能较快适应社会环境的变化。大学生创业在绩效管理理念、绩效管理知识和绩效管理能力等方面仍存在一定的问题，主要表现在以下方面。

1. 绩效管理理念滞后

创业者要想管理好企业，不仅要有激情、想法，还要不断更新管理理念，尤其要重视绩效管理理念的先进性。《2018 年中国大学生就业报告》显示，缺乏企业管理经验已经成为

2017届本科毕业生选择自主创业面临的最主要风险。在真实的创业过程中，大学生创业在管理上存在的问题，首先表现为创业者管理理念滞后，没有将绩效管理放在公司管理的重要位置，导致创业团队对绩效管理的重要性和必要性认识不足。绩效管理理念滞后和理解偏差是导致大学生创业企业绩效管理成效低下或者事与愿违的根本原因。

2. 绩效管理知识不足

在管理创新中，不科学、不合理的管理模式会导致管理绩效不高、工作效率低下等问题。大学生创业管理以知识为基础，这就需要创业者具备一定的绩效管理知识来保证企业绩效管理水平。大量研究表明，目前大学生创业管理经验不足，主要原因在于创业者缺乏对绩效管理知识的学习动力，缺乏系统的绩效管理知识，甚至不知道如何开展绩效管理工作，因而也难以制定行之有效的、富有激励的绩效管理模式。

3. 绩效管理能力缺失

大学生创业绩效管理，以先进的理念为引领，以管理知识为基础，以管理能力为支撑。从能力素质角度分析，企业绩效管理不佳的重要原因是创业者绩效管理能力不足。绩效管理能力包括与员工协作共赢的能力、绩效目标分解与制订的能力、与员工进行持续绩效沟通的能力、科学评估员工绩效的能力等。大学生创业者绩效管理能力的欠缺会严重影响企业管理绩效，降低企业生存的概率。

二、提高大学生绩效管理的能力

陈春花教授认为"管理具备三重价值：第一重价值是发挥员工的价值；第二重价值是激发员工的潜力；第三重价值是激发团队的潜力"。创业管理要围绕员工价值实现和企业绩效提升来开展，影响企业绩效的主要因素有员工技能、外部环境、内部条件以及激励效应，其中员工技能经过培训和开发是可以提高的。通过提高协作共赢、绩效目标制定、绩效沟通、绩效评估等各方面能力，实现大学生绩效管理能力的提升，从而提升企业的整体管理水平。

1. 提高绩效目标制定能力

绩效管理的前提是制定切实可行的绩效目标。绩效目标的制定，要从先进的绩效管理理念出发，遵循目标制定原则，形成流程有序、规章有力、刚柔相济、可实现的目标价值导向。

第一，绩效目标制定的原则。一是一致性原则。绩效目标的制定是作为实现创业目标而存在的有效工具，在目标取向上必须与创业目标保持一致。二是公平性原则。绩效目标的设置既要体现科学性又要体现公平性，使个人报酬与其贡献相匹配，并能够起到良好的激励作用。三是可衡量原则。绩效目标应该由量化指标构成，指标定位精准、任务明确，既可量化统计，又可考核评价。四是可实现原则。绩效目标应设置适度、合理，是考核对象经努力可达到的目标。五是时限性原则。无论是管理的一级指标还是二级指标，都有明确的时限要求，即在规定时间内所完成的指标。创业者只有从上述原则出发，才能制定出既具有创新性又具有实用性的绩效目标。

第二，绩效目标制定的方式。绩效目标作为衡量管理对象业务水平、综合素质、岗位胜任力的评价依据，决定了目标制定的方式应该从有效性的角度出发，依据从整体到部分再到整体的"整分合"方法：一是总体上目标制定要与创业目标、战略目标相契合，要求创业者要主动培养自身系统的思维能力，从整体性要求出发来制定目标；二是从整体到部分，要求创业者具有自身目标分解能力，即根据管理目标要求，分解为具体的目标，例如，部门、岗位绩效目标等；三是从部分再到整体，要求创业者要提高总体把握能力，通过上下互动，在工作态度、工作能力、工作业绩等方面与管理目标相联系，做出定夺，不仅使目标设计具有可行性、可操作性，而且使绩效目标的预期可以达到 1+1+1>3 的整体绩效考核效果。

2. 增强绩效管理实施的能力

绩效目标的实施是绩效管理过程的定向问题，它需要以目标来定向，又需要以沟通为手段来协调，在过程控制中实现有效的管理。

第一，绩效管理的目标定向。绩效管理是管理者与被管理者之间的良性互动过程。为了保证绩效管理不偏离目标，一是要求创业者在管理过程中，不仅要以有序化管理理念为引领，而且还要有相应的制度安排，保证绩效管理按既定绩效目标良性运行；二是要求创业者在管理过程中，不仅要以人性化管理为引领，而且还要有相应的文化塑造，使绩效的目标定向不偏离目标定位，既强化制度约束、注重绩效，又致力于以理服人、管理有情，为绩效管理有序化运行创造良好的环境。

第二，绩效管理的沟通协调。为了促进绩效管理良性运行，一是要求创业者在管理过程中，不仅要以互动性管理理念为引领，而且还要具备良好的沟通能力，从尊重、平等、真诚等原则出发，采用正式或非正式的沟通方式形成共识，促进绩效管理和规则良性运行。二是要求创业者在管理过程中，不仅要以理性化管理理念为引领，而且还要具备营造良好人际关系的协调能力。提高创业者的协调能力，要以沟通为手段，主动协调上下关系、平行关系，形成先沟通、再协调、后管理的绩效管理新模式，在领悟管理之道中提高绩效管理能力和水平。

3. 增强绩效管理的沟通能力

提高创业者绩效考核评估水平，需要加强与之相关的能力。

第一，绩效管理的结果对标。绩效管理是从绩效目标出发，通过过程定向，到结果对标，是一个反馈调节的控制过程。它需要创业者具备相应的反馈调节控制能力，要掌握什么是反馈、什么是控制等相关知识，学会运用反馈调节控制方法，对绩效管理进行有效的调节控制。

第二，绩效管理的考核评估。为了保证对标结果的效果信息真实可靠，一是要求绩效考核结果要公平、真实、可靠。公平体现在考核指标和规则面前无例外；真实体现在注重考核信息的完整性；可靠旨在考核结果客观公正、没有歧义。二是要求绩效评估一方面对考核对象的岗位胜任做出客观、全面的综合评价，另一方面对绩效管理的实际效果和管理水平做出正确的研判，找出成功的经验以及存在的问题和短板。其目的是使考核评估对考核对象工作业绩的提升起到激励作用。绩效管理是一种能力也是一种水平，它需要在创业的管理实践中学习，逐步加以提升。

第十五章

大学生创业的文化与成长

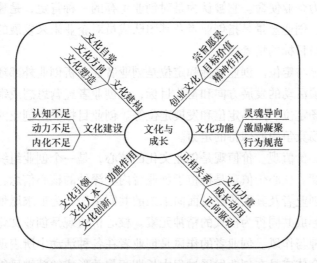

习近平总书记强调：文化是民族生存和发展的重要力量。创业文化与企业成长正相关，大学生创业需要有先进文化的滋补、文化力量的支撑。培育先进的创业文化，充分发挥创业文化的基础性引领作用，对于提高大学生创业成功及其企业成长具有纲举目张的作用。

第一节 大学生创业文化与企业成长

在大学生创业过程中，先进的创业文化是大学生创业的精神动力，也是企业快速健康发展的基石。先进的创业文化是大学生创业的精神支柱和力量源泉，提升大学生创业文化的品质有助于提高大学生创业成功率，也有助于提高企业成长的软实力。

一、大学生创业文化的释义

大学生创业文化包含创业的价值理念与理想信念。创业文化主导创业者的思维方式和行为方式，决定创业的发展方向，对于培育大学生家国情怀的创业精神、提高创业者产业报国的思想境界、推动创业的可持续发展，都具有重要的现实意义。

1. 创业文化的内涵

大学生创业文化，是指创业者及其团队认同的并付诸创业实践的价值理念，是大学生在创业过程中形成的经营理念、经营目标、经营价值、经营行为和经营形象的总和。它在文化自觉上，是创业者对创业的存在价值和经营管理的系统思考，对创业过程中的文化内涵、文化意义的理解；是创业者及其团队成员对文化价值理解、认同、内化所达到的程度；是创业者为实现创业价值追求的信念，以及成就事业的实践过程。

2. 创业文化的要义

创业文化是大学生创业成长的灵魂，它在创业的过程中发挥着极其重要的导向作用。熊彼特认为，创业文化是个人价值观念、经验行为、管理技能构成的综合体。国内学者大多认为，创业文化是创业行为的精神外延，其内涵要义需要从创业宗旨与愿景、创业目标与定位、创业核心价值观、创业精神与作风来体现。

第一，创业宗旨与愿景。创业宗旨是创业存在的目的或对社会发展某一方面应做出贡献的陈述，有时也称为企业使命。它被认为是对创业生存的一种肯定，是建立在创业愿景基础之上的责任与义务。创业愿景是指创业者及其团队成员对企业未来发展的愿望和理想，是创业者对未来的设想与目标的情景表达。

第二，创业目标与定位。创业目标和定位是创业者在分析创业外部环境和内部条件的基础上确定的创业各项活动的发展方向和奋斗目标，是创业者经营思想或宗旨的具体化。创业的目标定位包括市场定位、产品定位和发展定位等。创业目标决定创业的发展方向，定位体现的是创业者在市场竞争中所保持的定力。

第三，创业核心价值观。价值观是创业文化的核心，是一个创业组织的灵魂，是衡量创业组织内聚力的尺度。核心价值观是根植于创业者内心深处的核心信念，是未来发展道路上的内在动力，更是创业者及其团队成员面向未来的共同承诺，为追求愿景、实现使命而提炼出来并予以践行所形成共同行为模式的精神元素。核心价值观是创业文化的核心。

第四，创业精神与作风。创业者的作风是创业者在各种活动中所表现出来的一贯态度和行为处事风格，是全体成员在创业发展过程中长期积累并形成的精神风貌。有好的作风，才有好的精神状态、好的团队，才能创造一流的业绩。创业者的作风是创业精神的折射，也是创业文化的缩影和闪光点。良好的创业精神与作风是创业发展的重要基石。

二、大学生创业文化的功能

党的十九大报告指出："文化自信是一个国家、一个民族发展中更基本、更深沉、更持久的力量。"加强大学生先进创业文化建设，有助于增强创业者的文化自信，在践行创业文化中发挥持久的文化力量。

1. 创业文化是大学生创业的灵魂

先进的创业文化是企业的灵魂，它在大学生创业中能够起到"润物细无声"的作用，对创业的各个方面、各个层面都会产生重大影响。例如，来自各个名校的人才，到华为的第一件事情就是认识华为的企业文化，这个企业文化就是华为的灵魂和目标导向，它可以引领企业员工朝着同一个目标前行。同样，先进的创业文化对创业者及其团队成员具有重要的灵魂导向作用，它重在价值引领，关键是身体力行。

2. 创业文化在创业中的激励作用

创业文化作为一种精神力量，在大学生创业中具有实现创业报国的重要激励作用。由先进创业文化形成的价值导向是一种精神激励，它可以最大限度地调动和激发创业团队成员的积极性、主动性和创造性。《论语》中记载，"道之以德，齐之以礼，有耻且格"。它表明，先进的创业文化，不仅注重精神激励、榜样激励的作用，而且始终是以创业文化为理念引领，注重立德树人、文化化人，激励人心向上、争创行业一流。

3. 创业文化在创业中的凝聚作用

创业文化作为大学生创业的价值观念，源于创业又服务于创业，尤其在大学生创业团队建设中，先进的创业文化作为创业团队成员认同、践行的价值理念，具有增进团队形成共识、上下同心、协同合作的凝聚作用，由此形成的团队精神是大学生创业的核心要素，是推动创业成功最主要的精神力量。

4. 创业文化在创业中的规范作用

创业文化作为创业过程的价值理念，是战略选择、制度安排在价值理念上的能动反映。创业文化注重信仰和实践的知行合一，揭示了创业成员的行为具有"一阴一阳谓之道"的哲理。在大学生创业过程中，如果说制度管理是硬性的外在约束，那么文化就是软性的内在约束，这种内在的、无形的软约束，能够弥补硬约束的不足，它通过不断强化内在约束力，对创业成员的行为起到重要的规范和约束作用。

5. 创业文化在创业中的创新作用

在大学生创业过程中，先进的创业文化是创业者及创业团队不可或缺的价值理念，它对企业创新发展具有重要的推动作用。所谓创新引领创业，离不开精神文化的滋补、助推。先进的创业文化作为激发创业活力的内在源泉，是推动大学生创新创业的精神力量，同时也是提高大学生创业成功率的一种文化软实力。

三、大学生创业文化与成长的关系

大学生创业是以创业者及其团队为基础的经营主体，人格化是大学生创业经营活动的显著特征。其中，创业文化与所创企业的成长是一种正相关关系，所以，企业发展和成长离不开先进创业文化的引领。

1. 创业文化是促进企业成长的精神力量

创业文化是在大学生创业过程中形成的价值体系，其中内含的创新创业精神，可以反映创业团队意识和员工的心理状态，是促进企业健康成长、做大做强的文化动力和精神力量。例如，中石油集团提出的"爱国、创业、求实、奉献"的文化和企业精神，中石油大庆炼化公司提出的"创业、创新、创优、创效"的精神文化，方太厨具提出的"产品、厂品、人品，三品合一"的核心价值观，无不汇聚了创业和企业成长的精神力量。

2. 企业成长是孕育创业文化的直接动因

创业文化作为创业的灵魂与企业成长高度关联，大学生创业内涵的文化基因孕育着创业文化的形成，创业者自身的创业情怀和创业精神形塑着创业文化。实践表明，创业者具有什么样的文化就会形成什么样的创业文化，所谓创业文化实质上是创业者文化理念的延伸和拓展。创业者的整体素质、文化涵养、创业意识、创业精神的心理状态和取向，对创业文化的塑造和企业成长影响重大。由创业者主导的创业文化一旦形成，就会对企业成长产生影响。

二者关联互动、相辅相成，决定着创业者及其所创企业的走向。

3. 创业文化与企业成长正向驱动

先进的创业文化内涵有丰富的创新精神、创业精神、奋斗精神。习近平总书记在广东考察工作时指出，我们要大力实施创新驱动发展战略，加快完善创新机制，全方位推进科技创新、企业创新、产品创新、市场创新、品牌创新，加快科技成果向现实生产力转化，推动科技和经济紧密结合。这一讲话对于推动大学生创业文化创新和企业健康成长具有重要的指导意义。所以，在大学生创业者和所创企业成长中塑造优秀的创业文化，用优秀的创业文化推动企业成长，是新时代大学生创业重要的使命和担当。创业文化对企业成长的正向驱动，既要注重对优秀传统文化进行创造性转化，融入新时代的创新创业精神，还要继承红色革命文化，融入社会主义先进文化，以文化力量增强创业的文化自信，以艰苦奋斗精神引领企业成长。

第二节　大学生创业过程与文化滋补

在大学生创业过程中，先进的创业文化是创新创业的一种精神食粮。所以，推进大学生创新创业不仅需要增强文化自信，而且也离不开创业文化力量的滋补。

一、创新创业的文化引领

创业是一条奋斗之路，也是一场艰难的修行，它以创新为引领，把握时代发展大势，以创新为动力，创造新的未来。其中，先进文化与创新理念高度融合所产生的创业文化，可以激发大学生的创业热情，鼓舞创业者的奋斗精神，培育永不言败的品质。实践表明，无论是大学生创业，还是高管、名人创业，都离不开先进创业文化的引领。

 【案例】 **王广亚先生创建民办高校的精神文化**

王广亚先生作为享誉海峡两岸的著名爱国教育家，他适逢国内改革开放的契机，以富有远见的创业胆识回归故里创办郑州升达经贸管理学院（以下简称为升达学院），使之成为国内最早创建的民办高校之一。他说："我办学的初衷完全是回馈社会，报效乡里，奉献祖国，自己耕耘，家乡受益，国家收获。"从成立升达筹备处，到为寻校址而奔忙，再到奠基开工建设，可谓是一张白纸绘新图。1994 年 9 月升达计划第一期 16 项工程完工，同年秋季招收新生，这种"升达速度"震惊两岸。从建校延伸至办学，王广亚先生讲："我的教育思想，就是继承和发扬中华民族的优秀传统文化，就是教育学生刻苦学习，踏实诚恳，成人成才，将来为祖国、为社会做贡献。"王广亚先生从教 60 多年，先后创办了 10 余所学校，在 1993 年创办升达学院时已是 70 多岁的老人，在 2004 年创办成功学院时已是 80 多岁高龄，然而他一直砥砺前行、不忘初心。他把这种创业理念和创业精神称之为"强者的自信，做人的骨气"。缘于王广亚先生为我国民办教育做出的卓越贡献，他先后获得了"中国民办教育终身成就奖""中原之子""黄河之子"等一系列殊荣。

（案例来源：根据《广亚锦言拾粹》改编，河南人民出版社，2007）

【案例分析】王广亚在创建和打造民办教育上所体现的创业精神，包含着爱国爱教的大爱情怀，闪耀着先进创业文化的精神特质，由此形成创新创业的价值理念和创业精神，对今天大学生创业如何塑造先进的创业文化，引领创业前行具有重要的启示。

第一，大学生创业需要先进创业文化的引领。大学生创业精神是以先进文化为基础，内含有文化自信的强大力量。先进创业文化的形成，源于对优秀传统文化创造性的转化、红色文化的继承、社会主义核心价值观的践行。王广亚先生在创办教育中形成的价值理念，用他的话说，就是在吸收中华民族优秀传统文化的基础上，结合校情凝练形成了内涵丰富、独具特色的精神文化，它反映了师生共同的理念、追求和价值取向。所以，大学生创业必须以先进的文化为引领，充分发挥创业文化价值的引领作用。

第二，大学生创业需要艰苦奋斗的创业精神。在大学生创业过程中，创业文化与创业精神总是相伴而行的。优秀的创业文化可以激发大学生创业的热情，更能培育艰苦奋斗、不畏艰难的创业精神。王广亚先生在创建民办教育的艰苦岁月中，形成了"勤俭朴实、自力更生"的先进理念和奋斗精神，对期望创业或正在创业的大学生培育创业精神具有重要的榜样和示范作用。在王广亚先生看来，勤俭就是全力以赴，节约人力物力；朴实就是脚踏实地，不弄虚作假；自立就是自己的问题自己解决；更生就是痛定思痛，为成功想办法。王广亚不仅把这八个字作为校训，而且把它作为治学的宗旨和行事准则，备受世人推崇。

二、管理文化的人本价值

创业过程的文化管理是一种具有很大弹性空间的管理，它不仅注重对"事"的制度化管理，更注重对"人"的柔性化管理，尤其是对创业者的自我管理。在创业的人本管理中，以大学生创业文化为引领的文化管理，把人才作为第一资源，注重发挥人才的价值，在没有差异的创业资源条件下，可以创造出具有差异化和最大化的管理效能。

【案例】◆◆◆ ·········
文化视角：管人管事，也管自己

2014 年初，龙东平与另外两位行业合伙人一起创立了蘑菇公寓，三人创业打拼的队伍在三年内壮大成了 400 人的团队，并一跃成为租房市场上第一家拿到四轮融资的创业公司。目前蘑菇租房平台上每天有数百万的交易额，在线比率达 10%。线下团队覆盖杭州、南京、广州、武汉等 11 个城市。随着租房市场的扩大，管理上的挑战也越来越大。在龙东平创业过程中，他认为创业公司不仅要有管理，而且还要有具有文化内涵的系统化管理。在他看来，创业管理中的管人、管事、管理者反思和自我提升，一样都不可少。尤其是创始人如果不善于自我反思，不注重自身认知的提升，就难免会在管理压制下留不住人才。自创业以来，公司之所以得到了稳健的发展，从根本上说，是由于公司自上而下形成的平等而坦诚的文化氛围，尤其是始终如一地坚守"真实坦诚"的管理文化。

（案例来源：根据《龙东平：管人管事，也需要管自己》改编，《中外管理》，2017 年第 8 期）

·········

【案例分析】创业文化是推动创业管理的重要价值导向，优秀的创业文化不仅可以给创业管理带来新的生机和活力，而且还可以凭借文化凝聚力汇聚人才，调动创业成员的积极性，为创业发展提供人才支持。龙东平及其合伙人始终如一、不离不弃，精心打造蘑菇公寓，核心人才形成的创业团队规模不断壮大，关键是有先进的创业文化为引领和富有成效的文化管理。

第一，大学生创业需要人本理念和文化支撑。在中华民族优秀的传统文化中，天人合一的核心价值观在于"修己以安人，君子和而不同"。大学生创业管理如何把分散的资源要素整合起来，创造新的竞争优势，决定了创业者必须具备"修己安人"的管理思想。也就是说，创业者在管人管事中首先要管好自己，借助反思提高自己的认知水平。龙东平的创业管理，内含有"真实坦诚"的创业文化，又具有"和而不同"的先进管理理念，因而打通了创业管理的痛点和难点，实现了创业管理的高效率。

第二，大学生创业需要有文化引领的管理理念。大学生创业及其所创企业的管理离不开创业文化的引领，先进的创业文化不仅对创业具有重要的导向功能，而且对创业管理具有重要的激励、凝聚、融合和规范功能。由此形成的管理文化，在注重制度管理的同时，又融入了以情感人、以理服人的文化管理理念。这种刚柔相济、情理交融的文化管理，更加突出了人的因素及其人的精神状态，更加强调文化因素、价值认同、团队合作的群体意识。它在创业管理实践中可以激发人的工作热情，培育人的敬业精神，实现文化管理的效益最大化。

三、创业文化的融合创新

被誉为"中国式管理之父"的曾仕强认为，"中国式管理"由三大要素构成，一是融合性，二是合理性，三是平衡性。这三大要素均来自中国优秀的传统文化，并结合企业管理的现实进行创造性转化，是对"和而不同"管理思想的深刻揭示，其中内含有相互借鉴之意，又具有融合就是创新的管理之道。大学生创业文化的塑造，只有深刻领悟中国优秀传统文化的底蕴，并与时代精神相结合，才能形成具有本土特质的创业文化和管理之道。

 **以道驭术的方太创业文化**

宁波方太厨具有限公司（以下简称方太）创建于 1996 年，经过 20 多年的发展，到 2017 年，销售收入跨越百亿门槛。方太的持续发展，与将儒家思想引入企业管理不无关系。2008 年以前，方太以西方制度化管理为主线。2008 年之后，方太将《三字经》《弟子规》等传统文化作为提高员工修养的基础读物。2010 年，方太又全面启动"青竹简国学计划"，建立起"分层次、全系统、易亲近的国学自修平台"。经过多年探索，方太逐步确立了"中学明道、西学优术、中西合璧、以道驭术"的管理文化。方太的成功离不开儒家文化的深入，方太导入儒家文化的前 4 年，员工违纪行为逐渐下降 50%，敬业度达到 87 分。方太董事长茅忠群认为，西方管理"只能解决 60 分以下的问题"，他经过上下求索，终于在中国优秀传统文化中找到了解决"60 分以上问题"的办法，将文化力转化成了生产力。

（案例来源：根据《中国经营报》中的《中西合璧，以道驭术》改编 http://finance.sina.com.cn/roll/2018-07-14/doc-ihfhfwmv0784424. shtml）

【案例分析】先进的创业文化与创业管理相结合形成的管理文化，应遵照开放、包容、融合、创新的原则，本着学贯中西、借鉴西方严谨的逻辑、汲取优秀传统文化的精髓、结合时代创业精神的态度，重塑具有中国特色的创业文化。在这方面，方太以道驭术形成的创业文化和管理之道，对大学生创业的文化塑造和文化管理有重要启示。

第一，大学生创业文化的先进性。创业文化的价值理念反映了创业者的价值观和创业取向。它是在创业过程中追求创业成功最基本的信念，内含有创业者的基本性格和创业宗旨，也决定了创业的经营理念、战略选择和制度安排。方太的创业文化和管理理念及其管理实践表明，创业文化是否先进、管理价值取向是否正确，对提高大学生创业成功率意义重大。所以，大学生创业必须以先进的创业文化为引领，才有可能形成自觉性的管理理念，实现有序化的工作流程和绩效管理。

第二，大学生创业文化的以道驭术。大学生创业文化引领下的管理创新，本质上也是一种文化创新。方太创业文化的先进性，在于本着中西合璧的开放态度，融东西方文化为一体，通过扬长避短和创造性转化，形成了方太所用的创业文化。在这一创新文化的引领下，逐步确立了"中学明道、西学优术、中西合璧、以道驭术"的管理文化。方太文化管理的特点是在完善制度化管理的同时，更加注重员工对创业文化的认同，以提高员工自觉性管理理念的方式，推进文化管理、提高有序化管理的效能，解决了单凭西方管理所不能解决的管理问题，彰显了优秀传统文化及其中国式管理的创业智慧。

第三节　大学生创业过程的文化塑造

在大学生创业过程中，如何塑造先进的创业文化以及进行有效的文化管理，是一个亟待认真思考和探讨的重要课题，也是创业时代以创新引领创业发展的要求。大学生创业文化的塑造，应从存在的问题出发，结合创业实践从多视角、有的放矢地推进创业文化建设。

一、大学生创业文化塑造的缺失

创业文化的塑造可以为大学生创业铸魂，对提高创业成功率具有极其重要的导向凝聚作用。但由于大学生创新创业教育对创业文化的引导不足，加之创业者缺乏应有的文化自觉，导致大学生创业文化塑造存在着认识、动力、内化不足的问题。

1. 对创业文化价值引领作用的认识不足

创业文化是在创业实践中逐步形成的，同时又是引导创业实践的文化力量。其中，核心价值观是创业者追求创业成功所推崇的最基本的价值导向，也是直接影响大学生创业成功率的一种基本信念。

大学生创业文化的核心价值观，应该以创业报国作为最基本的价值取向和基本信念。然而，在大学生创业过程中，由于一些创业者对创业文化引领作用的重要性认识不足，在价值理念上缺乏明确的价值导向，造成创业信念不够坚定，创业目标定位不够清晰，创业实践活动摇摆不定，以至于影响到创业者砥砺奋起和创业成功。

2. 对创业精神提供精神支持的动力不足

创业实践表明，大学生创业不仅需要创业热情，更重要的是需要具备艰苦奋斗的创业精神，这种创业精神就是创业文化内涵的精神力量。例如，创建于 1669 年的同仁堂，最初创业者就推崇"可以养生，可以济世者，唯医药为最"的价值观念，恪守"济世养生"的经营宗旨，尤其是恪守"同声同气福民济世，仁心仁术医国医民"的企业精神，使历代经营者始终坚持以养生和济世为己任，使同仁堂基业长青而经久不衰。

大学生创业精神是推动创业健康发展的精神动力，这种精神力量融入创业实践，就会转化为强大的物质力量。但从大学生创业现实情况看，确有一些创业者由于对创业文化的重要性缺乏全面理解，甚至把创业文化等同于创业的包装或宣传手段。而对艰苦创业的奋斗精神以及群体意识培育不足，导致创业难以为继，且在很大程度上影响到创业成功率的提升。

3. 对创业文化实用价值领悟的内化不足

创业文化相对于创业过程及其所创企业而存在，同时又植根于民族优秀传统文化的土壤之中，与中国特色社会主义文化、核心价值观相一致，其中内含的创业宗旨、使命、愿景等价值观念，对创业过程的经营理念、战略选择、制度安排、文化塑造，都会产生极其深刻的影响。例如，中国的华为、海尔等许多优秀企业，之所以能够从小到大、从大到强成为国际化的大企业，无一不是从企业文化尤其是注重创业文化建设做起。正如张瑞敏指出的"企业文化在海尔的发展中起决定作用"。

大学生创业文化是实现创业成功和企业成长的精神动力。创业成功，所创造的奇迹是由人创造的，而激发人的精神动力，无不来自先进的创业文化。而在大学生创业群体中，不排除有些创业者对创业文化实用价值领悟的内化不足，缺乏对诚信文化、奉献文化、团队文化、创新文化、奋斗文化的认同感，反而受不良的粗放文化、形式文化、依附文化、金钱文化的影响，导致创业精神动力不足，持续创业乏力，甚至导致创业失败。

二、大学生创业文化的塑造与引领

先进创业文化的核心价值理念，从物质到精神、从理念到价值、从经营到管理，对创业过程的影响是无处不在的。塑造先进的创业文化，应体现创业者及其所创企业的个性特质，使之成为推动企业健康成长的强大力量。

1. 大学生创业文化塑造的自觉性

在新世纪伊始，美国福氏咨询公司在对《财富》500强评选总结中就明确指出："公司出类拔萃的关键在于文化。"我国经济学家于光远在"中外管理官产学恳谈会"上曾指出：国家的繁荣在于经济，经济的发展在于企业，企业的兴衰取决于企业家，那么企业家的活力来自他创造的企业文化，而文化的核心是价值观。由此表明，大学生创业需要创业文化引领，塑造创业文化需要创业者的文化自觉，主动倡导推进，全员参与践行。

（1）创业者对塑造创业文化的倡导和推进　在大学生创业文化的塑造中，创业者不仅是创业文化的发起者、倡导者，而且是创业文化的制定者和推动者。在这一过程中，创业者肩负着淘汰旧文化旧理念和创建新文化新理念的双重使命和责任。有观点认为，企业文化70%是由企业领导创建的。同样，先进的创业文化70%是由创业者创建的，它在文化自觉意义上，取决于创业者对创业文化重要性的认知态度和行动。

（2）创业成员对塑造创业文化的参与和践行　已有的实践表明，无论是创业文化的塑造，还是企业文化建设，除创业者积极倡导和推动之外，还离不开创业成员的主动参与和自觉践行。创业文化是创业成员从认同到信奉，进而付诸创业实践的价值理念。其中认同是信奉的前提，践行是认同和信奉的结果。所以，在创业者的倡导下，如果创业成员都能够积极参与创业文化建设，认同并信奉创业文化的核心价值观念，维护创业文化的共同愿景和使命，就会加快创业文化的塑造和进程，反之，就会影响创业文化的架构和发展。

2. 大学生创业文化塑造的先进性

先进的创业文化是相对于落后文化而言的。在已有的文化传统中，有精华也有糟粕，有先进文化的传承，也有落后文化的惯性，二者相互交织。由此决定了先进的创业文化建设必须对已有的文化加以科学的区分。因为受不同创业文化的影响，对创业发展的结果是不同的，所以，发挥创业文化对大学生创业的引领作用，必须保持创业文化的先进性。

第一，要从优秀传统文化中汲取营养。习近平总书记指出："在几千年的历史流变中，中华民族从来不是一帆风顺的，遇到了无数艰难困苦，但我们都挺过来、走过来了，其中一个很重要的原因就是世世代代的中华儿女培育和发展了独具特色、博大精深的中华文化，为中华民族克服困难、生生不息提供了强大精神支撑。"由此表明，优秀传统文化是创业文化保持先进性的根基，从中汲取营养才能体现创业文化的先进性。

第二，要能够反映创业新时代的发展要求。大学生创业文化是中国特色社会主义文化的重要组成部分，这就决定了创业文化建设必须立足于中国的具体国情，面向中华民族伟大复兴的现代化建设，顺应社会主义文化前进的方向，坚持社会主义核心价值观，体现新时代经济社会发展的新要求。在此基础上构建合乎时代发展主流的创业文化，形成先进的经营理念、创业宗旨和核心价值观。

第三，要能够融合古今中外各种文化的优秀成果。文化的多样性促进了不同文化的多元共生和并存发展，同时也决定了创业文化建设必须坚持吸收与扬弃的统一。所谓吸收，就是以包容开放的文化心态，博采众长吸纳古今中外一切优秀文化成果的营养，通过创造性转化为丰富创业文化的内涵。所谓扬弃，就是以科学批判的态度，反对一切形式主义文化，摒弃不同形态的落后文化，坚决抵制各种腐朽文化，尤其是要谨防西方敌对势力"西化"的图谋，坚决抵制西方极端个人主义、消极颓废的生活方式和价值观。因此，保持创业文化的先进性，不能失去固有本色，做到吸收与扬弃的辩证统一。

3. 大学生创业文化塑造的实践性

创业文化及其所创企业的文化建设，既是一个理论问题，又是一个实践问题；既是一个有目的的客观过程，又是一个文化自觉条件下的主动创造过程。在理论与实践的结合上，创业文化及其所创企业文化的塑造，是一个由精神文化、制度文化、行为文化、物质文化等构成的具有特定层次结构和功能的有机整体，如图 15-1 所示。

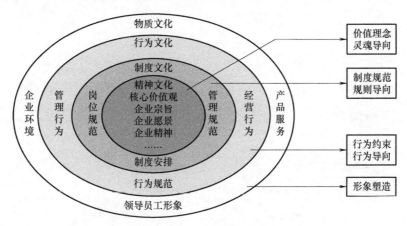

图 15-1　创业文化体系的层次结构

　　图 15-1 表明，大学生创业文化是一个由精神文化、制度文化、行为文化、物质文化等构成的体系。精神文化处于这个体系的核心层，被认为是企业的灵魂，它在大学生创业及其所创企业成长过程中，都具有重要的价值导向作用；制度文化是由一系列规章制度形成的制度安排，它作为经营管理活动的行事准则，对创业者及其成员具有重要的规则导向作用；行为文化包括企业行为、管理行为和员工行为等，它作为价值理念的实践化，对创业者及其成员具有行动导向作用；物质文化是精神文化的物化形态，主要由物质设施、企业环境、生产产品或服务等构成，其中内含有丰富的文化元素，体现了创业者及其成员的内在品质和外在形象。

　　先进创业文化的建构是共性与个性的统一。所谓共性，是指创业文化大都具有相对一致的层次结构，即由精神、制度、行为、物质等不同层次的文化系统构成。所谓个性，是指不同创业者及其所创企业各有各的特殊性，这种个性化特征是由不同的企业现状所决定的。所以，创业文化的建构要从多元视角做出思考：一是创业文化是创业者的人格化，不同的创业者具有不同的创业理念，因而具有不同的创业文化；二是创业文化是所创企业战略选择和制度安排在价值理念上的反映，不同企业战略选择和制度安排不同，必然会有不同的创业文化；三是创业环境是创业文化的一种象征，并体现了创业文化的个性化特征，所以，不同的创业环境下创业文化的存在方式不同；四是创业初期及其所创企业不同发展阶段，也会导致创业文化不同，说明创业文化是随企业成长和发展而发展的。

参 考 文 献

[1] 陈叶梅，贾志永，王彦. 大学生创新创业基础 [M]. 成都：西南交通大学出版社，2016.

[2] 贝弗里奇. 科学研究的艺术 [M]. 陈捷，译. 太原：北岳文艺出版社，2015.

[3] 布尔迪厄. 文化资本与社会炼金术 [M]. 包亚明，译. 上海：上海人民出版社，1997.

[4] 皮埃尔·布迪厄. 实践与反思：反思社会学导引 [M]. 李猛，李康，译. 北京：中央编译出版社，1998.

[5] 王极盛. 智力 ABC [M]. 北京：北京出版社，1981.

[6] 努特森，比茨. 怎样当好项目经理 [M]. 黄志强，张小眉，译. 上海：上海人民出版社，1995.

[7] 艾莉. 知识的进化 [M]. 刘民慧，等译. 珠海：珠海出版社，1998.

[8] 赵云喜. 知识资本家 [M]. 北京：中华工商联合出版社，1988.

[9] 王德禄. 管理创造性：企业技术与管理创新 [M]. 济南：山东教育出版社，1999.

[10] 黄健. 造就组织学习力 [M]. 上海：上海三联书店，2003.

[11] 德兰诺. 高效能人士的 9 种性格 [M]. 路军，译. 北京：中国计量出版社，2003.

[12] 叶生. 企业灵魂：企业文化管理完全手册 [M]. 北京：机械工业出版社，2004.

[13] 纪德尚. 21 世纪企业成长与先进企业文化建设 [M]. 西安：陕西人民出版社，2008.

[14] 德鲁克. 卓有成效的管理者 [M]. 许是祥，译. 北京：机械工业出版社，2005.

[15] 戈尔曼. 情商：为什么情商比智商更重要 [M]. 杨春晓，译. 北京：中信出版社，2018.

[16] 伯格达. 九型人格与领导力 [M]. 于红梅，译. 北京：中信出版社，2010.

[17] 拉吉罗. 思考的艺术：非凡大脑养成手册 [M]. 马昕，译. 8 版. 北京：世界图书出版公司，2010.

[18] 王小平. 本领恐慌 [M]. 北京：中国青年出版社，2008.

[19] 纪德尚. 管理心理学 [M]. 北京：高等教育出版社，2012.

[20] 曲智. 任正非内部讲话：关键时，任正非说了什么 [M]. 北京：新世界出版社，2012.

[21] 瓦尔. 创意就是这么简单 [M]. 郭晓静，译. 北京：中信出版社，2016.

[22] 艾诚. 创业不死法则 [M]. 北京：中信出版社，2017.

[23] 纪德尚. 高校大学生创业就业与能力素质建设 [M]. 北京：经济管理出版社，2018.

[24] 麦克思研究院. 2018 年中国本科生就业报告 [M]. 北京：社会科学文献出版社，2018.

[25] 德鲁克. 创新与企业家精神 [M]. 蔡文燕，译. 北京：机械工业出版社，2018.

[26] 蓝海林. 企业战略管理 [M]. 3 版. 北京：科学出版社，2018.

[27] 钱学森. 关于形象思维的一封信 [J]. 中国社会科学，1980 (6)：66-67.

[28] 刘常勇. 掌握顾客就掌握了成功 [J]. 中外管理，2002 (4)：75.

[29] 毕天云. 布尔迪厄的"场域——惯习"论 [J]. 学术探索，2004 (1)：32-35.

[30] 张瑞敏. 企业文化在海尔发展中起决定作用 [J]. 中外企业文化，2004 (1)：14-15.

[31] 陈尚义，吴秋明. 论团队建设 [J]. 福建医科大学学报（社会科学版），2006 (1)：21-25.

[32] BEGLEY T M, BOYD D P. Psychological characteristics associated with performance in entrepreneurial firms and smaller businesses [J]. Journal of Business Venturing, 1987, 2 (1)：79-93.

［33］韩富军. 目标定位是企业发展壮大的关键［J］. 现代企业，2009（4）：16.

［34］张华. 人际交往能力——创业者成功的动力［J］. 成才与就业，2010（23）：14-15.

［35］吕玲. 试论大学生创业成功率的提高［J］. 黑龙江高校研究，2011（2）：112-114.

［36］邹方明. 创业者的修养［J］. 中国高新区，2012（5）：132.

［37］李浩. 如何培养创新创业人才［J］. 企业家信息，2012（12）：119-120.

［38］李素芳. 论创业型组织的资金管理［J］. 商，2013（23）：49.

［39］梁忻. 长寿企业的文化共性［J］. 企业管理，2020（1）：53-54.

［40］单标安，等. 创业学习的内涵、维度及其测量［J］. 科学研究，2014（12）：1867-1875.

［41］陈建安，陈瑞，等. 创业成功界定与测量前沿探析及未来展望［J］. 外国经济与管理，2014（8）：
3-13.

［42］王敏，宁青青，李凯. 大学生人际交往的现状分析［J］. 科技经济市场，2016（2）：165-167.

［43］徐苗，刘玲. 从就业视角研究大学生社交礼仪文化能力［J］. 赤子（上中旬），2016（3）：8.

［44］段华. 创业企业货币资金管理问题研究［J］. 科技经济市场，2017（1）：95-97.

［45］余红剑. 动态能力提升导向的新创企业组织学习研究［J］. 科技进步与对策，2017（10）：90-97.

［46］刘道玉. 创新创业的灵感从哪儿来［J］. 就业与保障，2017（15）：10-12.

［47］王红茹. 大学生创业喜忧参半［J］. 中国经济周刊，2017（39）：58-59.

［48］刘步尘. 请"输血依赖症"患者乐视，在二诊室等候［J］. 中外管理，2017（增刊1）：12.

［49］朱冬. 量子管理时代，企业一把手要明白这些［J］. 中外管理，2017（增刊1）：40-43.

［50］周其仁. 想法的"生产力"［J］. 中外管理，2017（8）：51-52.

［51］谢丹丹. 一撕得："撕开"包装箱里的商机［J］. 中外管理，2017（增刊1）：170-173.

［52］李双双，吴小倩，等. 大学生创业高失败率的原因分析［J］. 现代商贸工业，2018（10）：96-98.

［53］孙大永，等. 新时代大学生创业策略研究［J］. 中国现代教育装备，2018（13）：84-87.

［54］杨虹，倪庆萍. 大学生"互联网+"创业绩效管理与创业教育对策研究［J］. 现代商贸工业，2018，
39（24）：66-67.

［55］王彦敏，赵春. 基于蒂蒙斯模型的云南省大学生创业成功率的提升研究［J］. 昆明冶金高等专科学校
学报，2018，34（2）：5-11.

［56］周文辉，李兵，周依芳，等. 创业平台赋能对创业绩效的影响：基于"海尔+雷神"的案例研究［J］.
管理评论，2018，30（12）：276-284.

［57］郝喜玲，朱兆珍，刘依冉. 失败情景下创业学习、创业知识与再创业绩效关系研究［J］，科技进步与
对策，2019，36（16）：19-25.

［58］菊岚祺，等. 知识网络、创业学习与创新创业能力形成机制研究［J］. 合作经济与科技，2019（8）：
146-151.

［59］王万山. 提升大学生创业成功率的理论与政策［J］. 企业经济，2019（6）：5-14.

［60］沈超红. 创业绩效结构与绩效形成机制［D］. 杭州：浙江大学，2006.

［61］王勇. GT 公司产品进入美国市场的营销战略研究［D］. 西安：西北工业大学，2006.

［62］王子峰. TL 公路设计公司发展战略研究［D］. 哈尔滨：哈尔滨工程大学，2008.

［63］潘春波. 大学生情商教育研究［D］. 武汉：武汉工业学院，2011.

［64］王艳霞. 广达电脑公司质量战略研究［D］. 上海：上海交通大学，2012.

［65］杨珍. 中国电信 TH 分公司经营状况的提升策略研究［D］. 南昌：南昌大学，2016.

［66］于冰. 创业者人力资本、社会资本对创业绩效的影响研究［D］. 重庆：西南大学，2016.

［67］王俏易. 创业者风险控制能力、创业自我效能感与新企业成长［D］. 杭州：浙江理工大学，2014.

［68］于瑶. 创业教育视角下的大学生情商培育问题研究［D］. 济南：山东大学，2017.

［69］上海外国语大学团委. 中外大学生创业现状比较研究［R］. 上海：上海外国语大学，2010.

［70］赵钥. 搪瓷杯里的变迁［N］. 新民晚报，2019-12-20（15）.

［71］王刚. 深刻理解创新思维［N］. 光明日报，2019-07-16（6）.